Das große Strickmuster 1x1
Die schönsten Hebemaschenmuster

Das große Strickmuster 1x1

Babette Ulmer

Die schönsten HEBEMASCHEN MUSTER

Band 1

CV

Inhalt

Hebemaschenmuster

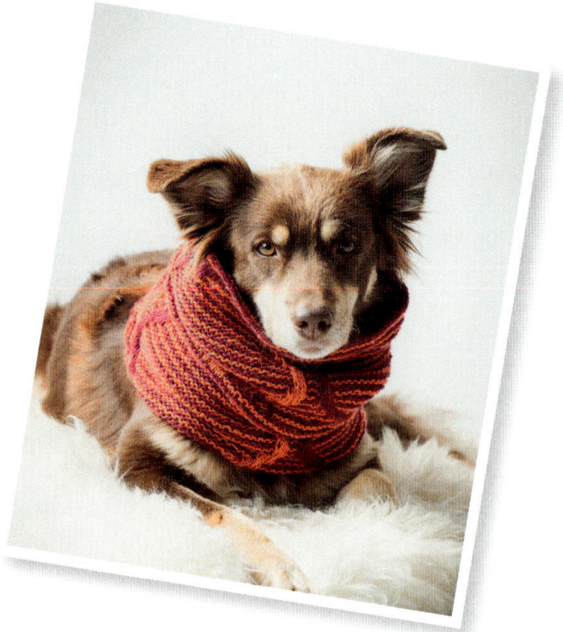

Projekte

Vorwort

Hebemaschenmuster!

Schon das Wort ist ein Zungenbrecher, der jeden, der nicht selbst strickt, schmunzeln lässt. Dabei gehören Hebemaschenmuster zu einer der einfachsten Musterarten beim Stricken. Einfach nur Maschen abheben, eben wie das Wort schon sagt. Damit kann man ohne großes Fadengewurstel schöne zwei- oder mehrfarbige Muster kreieren.

In diesem Buch wird alles erklärt, mit schönen Mustern und Modellen.
Im ersten Teil des Buches werden verschiedene Muster vorgestellt, diese sind sowohl als Strickschrift dargestellt wie auch als Text beschrieben. Außerdem wird bei einigen Mustern gezeigt, wie unterschiedlich sie wirken, wenn sie mit anderen, mit vertauschten oder auch mit viel mehr Farben gestrickt werden.

Die gleichen Muster tauchen auch im zweiten Teil des Buches bei den Modellen wieder auf. Auch hier wirken sie wieder anders. Das liegt nicht nur an anderen Farbkombinationen, sondern auch an Formgebung, wenn das Muster nicht einfach gerade hoch, sondern einfach mal dreieckig in ein Tuch eingestrickt wird. Oder auch am Schattenspiel des Tageslichtes, wenn sich in einem Muster glatt rechte und kraus rechte Strukturen abwechseln, welche dann beim Tragen je nach Lichteinfall ganz unterschiedliche optische Effekte hervorrufen und einem Modell damit eine besonders lebendige Ausstrahlung verleihen. Dies animiert hoffentlich dazu, selbst einmal zu experimentieren.

Von einfachen bis zu ausgefallenen Modellen ist alles dabei, für Anfänger und für Fortgeschrittene, schnelle Projekte und auch etwas für Vielstricker/innen. Hübsches wie Nützliches für den Haushalt wie Spültücher und Küchentücher. Dekoratives für das Wohnzimmer wie Decken und Kissen. Accessoires wie ein kuscheliger Schal, eine wärmende Mütze und praktische Stulpen. Oder etwas zum Anziehen wie eine Jacke, ein sommerliches Top oder ein grobgestrickter Pulli. Alles zum Verschenken oder selbst Behalten.

Über die Autorin

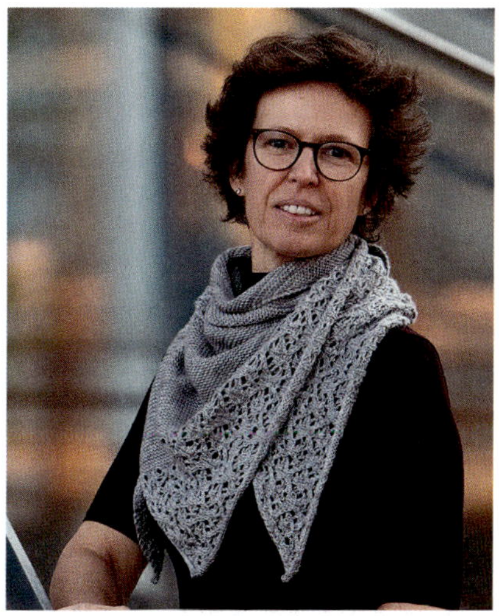

Stricken gehört seit der Teenagerzeit zu ihrem Alltag dazu: Babette Ulmer studierte Modedesign mit Schwerpunkt Maschen und hat ihr Hobby zum Beruf gemacht. Nach mehreren Jahren Berufserfahrung ist sie seit 2001 selbstständig. Sie arbeitet für verschiedene Firmen in der Handarbeitsbranche, entwirft Modelle und schreibt Anleitungen sowie seit 2007 zahlreiche bekannte Buch-Titel, darunter „Stricken lernen. Der Schritt für Schritt Grundkurs", oder auch „Pullover stricken lernen".

Hebemaschen und Hebemaschenmuster

Hebemaschen sind Maschen, die innerhalb eines Musters einfach abgehoben werden. Sie ermöglichen eine spezielle Art von Strickmustern, die in diesem Band der Strickmusterbibliothek vorgestellt werden.

Hebemaschen

Hebemaschen hebt man von der linken auf die rechte Nadel, ohne sie dabei zu stricken. Die Masche wird dabei nicht gedreht, man sticht mit der rechten Nadel also einfach von rechts nach links in die Masche ein und hebt sie ab.
Zu beachten ist bei Hebemaschen lediglich, ob man den Arbeitsfaden vor oder hinter der abgehobenen Masche entlangführt.

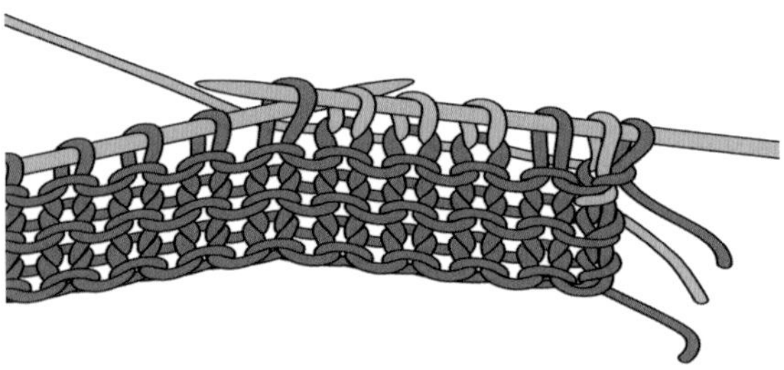

In Hinreihen den Faden hinter die Arbeit legen, also auf die spätere Rückseite. Das wird in Anleitungen als „Faden hinten" beschrieben.

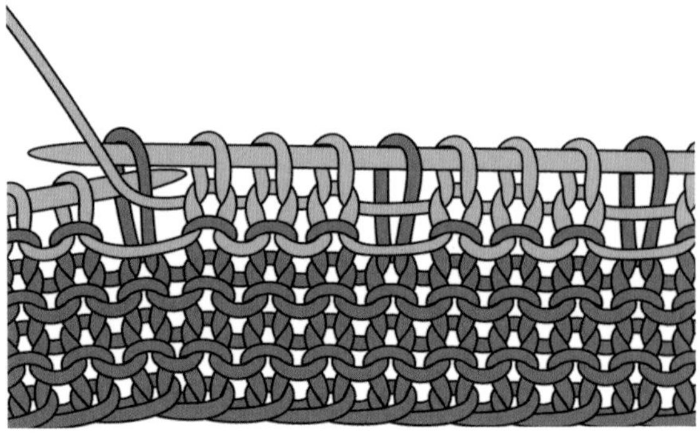

In Rückreihen den Faden vor die Arbeit legen, also ebenfalls auf die spätere Rückseite. In Anleitungen wird das als „Faden vorne" beschrieben.

Hebemaschenmuster

Muster entstehen, wenn Hebemaschen mit „normalen" Maschen abwechseln. Besonders interessant sind 2- oder mehrfarbige Muster, denn obwohl mehrere Farben verwendet werden, werden diese Muster trotzdem pro Reihe stets nur mit einer Farbe gestrickt. Das macht diese Muster auch bei Strickanfängern beliebt. Durch das Abheben einer Masche der unteren Reihe, die zuvor noch in einer anderen Farbe gestrickt wurde, während alle übrigen Maschen bereits in der neuen Farbe erscheinen, erzielt man auf einfache Weise eine Zwei- oder gar Mehrfarbigkeit. Häufig wird in einer Streifenfolge von jeweils 2 Reihen gearbeitet, das kann, wie unsere Musterbibliothek zeigt, aber durchaus auch mal variieren.
Mehrfarbige Hebemaschenmuster lassen sich auch mit Zopf- oder Ajourmuster kombinieren. Lassen Sie sich überraschen!

Muster- und Modellanleitungen

Für jede Strickanleitung gilt: Bitte alles erst einmal durchlesen! Damit gewinnt man einen Überblick über das Projekt und wird nicht mittendrin unerwartet überrascht.

Im Musterteil sind alle Hebemaschenmuster sowohl als Strickschrift als auch als ausgeschriebene Textanleitung beschrieben. Beide Darstellungen können sich dabei gut ergänzen.

Bei jedem Muster ist die Maschenzahl des Rapports, also der Wiederholungseinheit, und die Anfangs- und Endmaschen und die beiden Randmaschen angegeben. Außerdem welche Reihen wiederholt werden. Damit lässt sich das vorgestellte Muster jeweils leicht für eigene Strickprojekte verwenden.

Stricken nach ausgeschriebenem Text

Im Text sind die Muster Reihe für Reihe und Masche für Masche ausgeschrieben. Der Rapport steht zwischen Sternchen * * notiert. Abschließend ist außerdem angegeben, welche Reihen wiederholt werden.

Stricken nach Strickschrift

In der Strickschrift sind alle Hin- und Rückreihen gezeichnet. Die Maschen sind so gezeichnet, wie sie gestrickt werden. Gestrickt wird jeweils nur mit der Farbe, in der die Randmaschen notiert sind. Angaben dazu stehen auch in der Streifenfolge. Am besten notiert man sich, welche Garnfarbe man jeweils Farbe A und Farbe B zuordnet.

Strickschriften in Strickrichtung lesen, also Hinreihen von rechts nach links und Rückreihen links nach rechts. Man kann sich dabei leicht an der Position der Reihennummerierung orientieren. Ziffern rechts neben der Strickschrift markieren also stets Hinreihen, Ziffern links neben der Strickschrift markieren Rückreihen.
Bei Strickschriften für ein in Runden gestricktes Muster stehen alle Ziffern auf der rechten Seite.
In den Hinreihen mit der Randmasche und falls eingezeichnet mit den Maschen vor dem rechten Pfeil beginnen, dann den Rapport zwischen den Pfeilen stets wiederholen und endet mit den Maschen nach dem linken Pfeil. In allen Rückreihen die Strickschrift entsprechend von links nach rechts lesen. In der Erklärung zur Strickschrift ist angegeben welche Reihen wiederholt werden.

Musterdarstellungen im Modellteil und Musterteil

Im Musterteil werden alle vorgestellten Muster in Hin- und Rückreihen in ihrer Grundform gerade hoch beschrieben. Der Modellteil zeigt dann, was man aus diesen Grundmustern machen kann.

Beim Loopschal wird das ursprüngliche Muster z. B. in Runden gestrickt, beim Pulli oder auch bei der Strickjacke durch die Formgebung über Zunahmen erweitert oder durch Abnahmen verkürzt, während man das Muster immer über derselben Stelle weiterführt. Beim Küchentuch arbeitet man nur den Mustersatz mittig in einen einfarbig kraus rechts gestrickten Rahmen ein. Beim Dreiecktuch werden die Muster sogar in dreieckiger Form gearbeitet, indem sie an den Rändern durch Zunahmen und in der Mitte durch Erweiterung des Musters über Maschen eines anderen Musters erweitert werden. Diese Beispiele dürfen gerne animieren, selbst mit den Mustern kreativ zu werden!

Folgende Abkürzungen werden verwendet:

M = Masche oder Maschen
R = Reihe oder Reihen
Rd = Runde oder Runden

Fresko

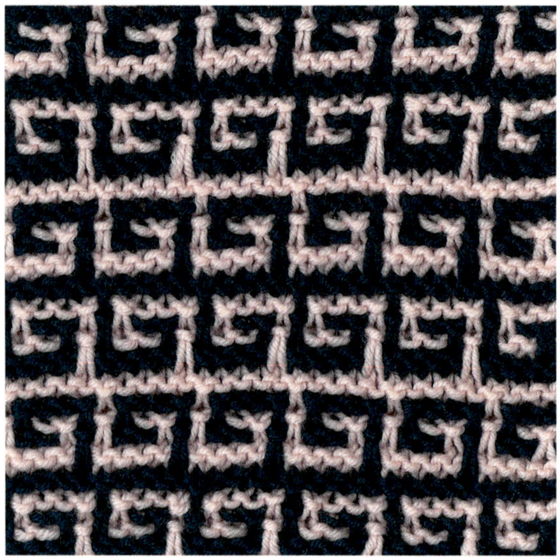

Schwierigkeitsgrad einfach
Kategorie kraus rechts gestrickte Hebemaschenmuster

Maschenzahl teilbar durch 5 + 2 Randmaschen.

STRICKEN NACH MUSTERBESCHREIBUNG

1. Reihe (Rückreihe, Farbe A): RandM, alle M rechts stricken, RandM
2. Reihe (Hinreihe, Farbe B): RandM, * 1 M rechts, 1 M abheben (Faden hinten), 3 M rechts, ab * stets wiederholen, RandM.
3. Reihe (Rückreihe, Farbe B): RandM, * 3 M rechts, 1 M abheben (Faden vorne), 1 M rechts, ab * stets wiederholen, RandM.
4. Reihe (A): RandM, * 1 M abheben (Faden hinten), 1 M rechts, 1 M abheben (Faden hinten), 2 M rechts, ab * stets wiederholen, RandM.
5. Reihe (A): RandM, * 2 M rechts, 1 M abheben (Faden vorne), 1 M rechts, 1 M abheben (Faden vorne), ab * stets wiederholen, RandM.
6. Reihe (B): RandM, * 1 M rechts, 1 M abheben (Faden hinten), 2 M rechts, 1 M abheben (Faden hinten), ab * stets wiederholen, RandM.
7. Reihe (B): RandM, * 1 M abheben (Faden vorne), 2 M rechts, 1 M abheben (Faden vorne), 1 M rechts, ab * stets wiederholen, RandM.
8. Reihe (A): RandM, * 1 M abheben (Faden hinten), 4 M rechts, ab * stets wiederholen, RandM.
9. Reihe (A): RandM, * 4 M rechts, 1 M abheben (Faden vorn), ab * stets wiederholen, RandM.
10. Reihe (B): RandM, alle M rechts stricken, RandM.
11. - 20. Reihe: Wie die 1. - 10. Reihe arbeiten, dabei aber die Farben vertauschen: eine zuvor für Farbe A beschriebene Reihe mit Farbe B stricken und eine für Farbe B beschriebene Reihe mit Farbe A stricken.

Die 1. - 20. Reihe stets wiederholen.

STRICKEN NACH STRICKSCHRIFT

In der Strickschrift sind alle Hin- und Rückreihen des Höhenrapportes notiert. Die Maschen sind so bezeichnet, wie sie gestrickt werden. In Hin- und Rückreihen rechts notierte Maschen ergeben also ein kraus rechts gestricktes Maschenbild.

In den HinR mit der RandM vor dem rechten Pfeil beginnen, den Rapport von 5 M zwischen den Pfeilen stets wiederholen und mit der RandM nach dem linken Pfeil enden. In allen Rückreihen die Strickschrift entsprechend von links nach rechts lesen. Dabei die Streifenfolge beachten. Die 1. - 20. R stets wiederholen. Die 1. R ist dabei eine Rückreihe.

Streifenfolge:

1 R Farbe A, * 2 R Farbe B, 2 R Farbe A, ab * stets wiederholen.

Die hier abgebildete Farbvariante wurde wie folgt gestrickt:
1 R Rosa, * 2 R Dunkelgrün, 2 R Rosa, ab * stets wiederholen.

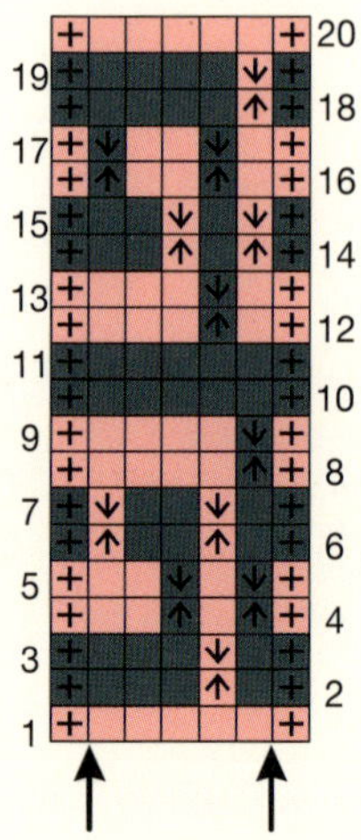

Zeichenerklärung:

⊞ = Randmasche
☐ = 1 Masche rechts
↑ = 1 Masche abheben (Faden hinten)
↓ = 1 Masche abheben (Faden vorne)

Grecco

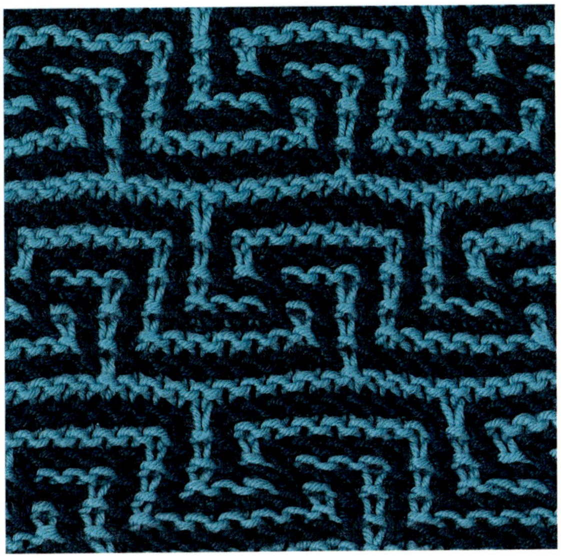

Schwierigkeitsgrad einfach
Kategorie kraus rechts gestrickte Hebemaschenmuster

Maschenzahl teilbar durch 10 + 2 Randmaschen.

STRICKEN NACH MUSTERBESCHREIBUNG

1. Reihe (Rückreihe, Farbe A): RandM, alle M rechts stricken, RandM.
2. Reihe (Hinreihe, Farbe B): RandM, * 2 M rechts, 1 M abheben (Faden hinten), 7 M rechts, ab * stets wiederholen, RandM.
3. Reihe (Rückreihe, Farbe B): RandM, * 7 M rechts, 1 M abheben (Faden vorne), 2 M rechts, ab * stets wiederholen, RandM.
4. Reihe (A): RandM, * 1 M rechts, 1 M abheben (Faden hinten), 1 M rechts, 1 M abheben (Faden hinten), 6 M rechts, ab * stets wiederholen, RandM.
5. Reihe (A): RandM, * 6 M rechts, 1 M abheben (Faden vorne), 1 M rechts, 1 M abheben (Faden vorne), 1 M rechts, ab * stets wiederholen, RandM.
6. Reihe (B): RandM, * 1 M abheben (Faden hinten), 1 M rechts, 1 M abheben (Faden hinten), 1 M rechts, 1 M abheben (Faden hinten), 5 M rechts, ab * stets wiederholen, RandM.
7. Reihe (B): RandM, * 5 M rechts, 1 M abheben (Faden vorne), 1 M rechts, 1 M abheben (Faden vorne), 1 M rechts, 1 M abheben (Faden vorne), ab * stets wiederholen, RandM.
8. Reihe (A): RandM, * [1 M rechts, 1 M abheben (Faden hinten)] 3x, 3 M rechts, 1 M abheben (Faden hinten), ab * stets wiederholen, RandM.
9. Reihe (A): RandM, * 1 M abheben (Faden vorne), 3 M rechts, [1 M abheben (Faden vorne), 1 M rechts] 3x, ab * stets wiederholen, RandM.
10. Reihe (B): RandM, * 1 M abheben (Faden hinten), 1 M rechts, 1 M abheben (Faden hinten), 5 M rechts, 1 M abheben (Faden hinten), 1 M rechts, ab * stets wiederholen, RandM.
11. Reihe (B): RandM, * 1 M rechts, 1 M abheben (Faden vorne), 5 M rechts, 1 M abheben (Faden vorne), 1 M rechts, 1 M abheben (Faden vorne), ab * stets wiederholen, RandM.
12. Reihe (A): RandM, * 1 M rechts, 1 M abheben (Faden hinten), 3 M rechts, 1 M abheben (Faden hinten), 1 M rechts, 1 M abheben (Faden hinten), 1 M rechts, 1 M abheben (Faden hinten), ab * stets wiederholen, RandM.
13. Reihe (A): RandM, * 1 M abheben (Faden vorne), 1 M rechts, 1 M abheben (Faden vorne), 1 M rechts, 1 M abheben (Faden vorne), 3 M rechts, 1 M abheben (Faden vorne), 1 M rechts, ab * stets wiederholen, RandM.
14. Reihe (B): RandM, * 1 M abheben (Faden hinten), 5 M rechts, 1 M abheben (Faden hinten), 1 M rechts, 1 M abheben (Faden hinten), 1 M rechts, ab * stets wiederholen, RandM.
15. Reihe (B): RandM, * 1 M rechts, 1 M abheben (Faden vorne), 1 M rechts, 1 M abheben (Faden vorne), 5 M rechts, 1 M abheben (Faden vorne), ab * stets wiederholen, RandM.
16. Reihe (A): RandM, * 7 M rechts, 1 M abheben (Faden hinten), 1 M rechts, 1 M abheben (Faden hinten), ab * stets wiederholen, RandM.
17. Reihe (A): RandM, * 1 M abheben (Faden vorne), 1 M rechts, 1 M abheben (Faden vorne), 7 M rechts, ab * stets wiederholen, RandM.
18. Reihe (B): RandM, * 8 M rechts, 1 M abheben (Faden hinten), 1 M rechts, ab * stets wiederholen, RandM.
19. Reihe (B): RandM, * 1 M rechts, 1 M abheben (Faden vorne), 8 M rechts, ab * stets wiederholen, RandM.
20. Reihe (A): RandM, alle M rechts stricken, RandM.

Die 1. - 20. Reihe stets wiederholen.

STRICKEN NACH STRICKSCHRIFT

In der Strickschrift sind alle Hin- und Rückreihen des Höhenrapportes notiert. Die Maschen sind so bezeichnet, wie sie gestrickt werden. In Hin- und Rückreihen rechts notierte Maschen ergeben also ein kraus rechts gestricktes Maschenbild.

In den HinR mit der RandM vor dem rechten Pfeil beginnen, den Rapport von 10 M zwischen den Pfeilen stets wiederholen und mit der RandM nach dem linken Pfeil enden. In allen Rückreihen die Strickschrift entsprechend von links nach rechts lesen. Dabei die Streifenfolge beachten. Die 1. – 20. R stets wiederholen. Die 1. R ist dabei eine Rückreihe.

Streifenfolge:

1 R Farbe A, * 2 R Farbe B, 2 R Farbe A, ab * stets wiederholen.

Die hier abgebildete Farbvariante wurde wie folgt gestrickt:
1 R Petrol, * 2 R Dunkelgrün, 2 R Petrol, ab * stets wiederholen.

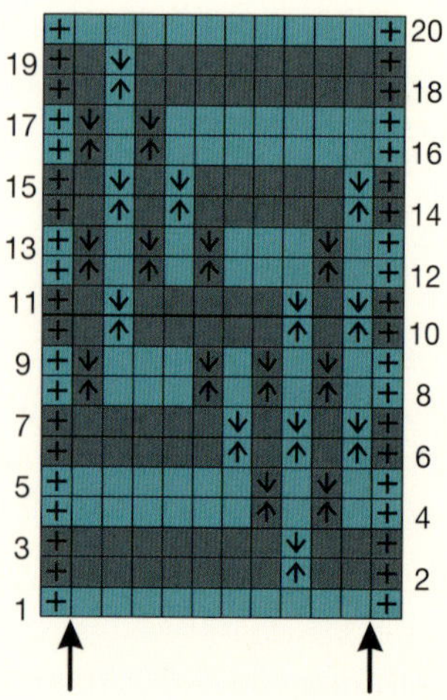

Zeichenerklärung:

- [+] = Randmasche
- [ ] = 1 Masche rechts
- [↑] = 1 Masche abheben (Faden hinten)
- [↓] = 1 Masche abheben (Faden vorne)

Kästchenmuster

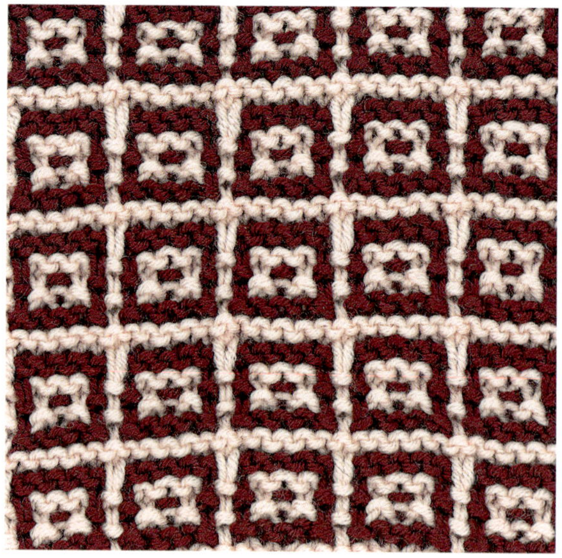

Schwierigkeitsgrad einfach
Kategorie kraus rechts gestrickte Hebemaschenmuster

Maschenzahl teilbar durch 6 + 1 + 2 Randmaschen.

STRICKEN NACH MUSTERBESCHREIBUNG

1. Reihe (Rückreihe, Farbe A): RandM, alle M rechts stricken, RandM.
2. Reihe (Hinreihe, Farbe B): RandM, * 1 M abheben (Faden hinten), 5 M rechts, ab * stets wiederholen, 1 M abheben (Faden hinten), RandM.
3. Reihe (Rückreihe, Farbe B): RandM, 1 M abheben (Faden vorne), * 5 M rechts, 1 M abheben (Faden vorne), ab * stets wiederholen, RandM.
4. Reihe (A): RandM, * 1 M rechts, 1 M abheben (Faden hinten), 3 M rechts, 1 M abheben (Faden hinten), ab * stets wiederholen, 1 M rechts, RandM.
5. Reihe (A): RandM, 1 M rechts, * 1 M abheben (Faden vorne), 3 M rechts, 1 M abheben (Faden vorne), 1 M rechts, ab * stets wiederholen, RandM.
6. Reihe (B): RandM, * 2 M rechts, 1 M abheben (Faden hinten), 1 M rechts, 1 M abheben (Faden hinten), 1 M rechts, ab * stets wiederholen, 1 M rechts 1 RandM.

7. Reihe (B): RandM, 1 M rechts, * 1 M rechts, 1 M abheben (Faden vorne), 1 M rechts, 1 M abheben (Faden vorne), 2 M rechts, ab * stets wiederholen, RandM.
8. Reihe (A): RandM, * 1 M rechts, 1 M abheben (Faden hinten), 3 M rechts, 1 M abheben (Faden hinten), ab * stets wiederholen, 1 M rechts, RandM.
9. Reihe (A): RandM, 1 M rechts, * 1 M abheben (Faden vorne), 3 M rechts, 1 M abheben (Faden vorne), 1 M rechts, ab * stets wiederholen, RandM.
10. Reihe (B): RandM, * 1 M abheben (Faden hinten), 5 M rechts, ab * stets wiederholen, 1 M abheben (Faden hinten), RandM.
11. Reihe (B): RandM, 1 M abheben (Faden vorne), * 5 M rechts, 1 M abheben (Faden vorne), ab * stets wiederholen, RandM.
12. Reihe (A): RandM, alle M rechts stricken, RandM.

Die 1. - 12. Reihe stets wiederholen.

STRICKEN NACH STRICKSCHRIFT

In der Strickschrift sind alle Hin- und Rückreihen des Höhenrapportes notiert. Die Maschen sind so bezeichnet, wie sie gestrickt werden. In Hin- und Rückreihen rechts notierte Maschen ergeben also ein kraus rechts gestricktes Maschenbild.

In den HinR mit der RandM vor dem rechten Pfeil beginnen, den Rapport von 6 M zwischen den Pfeilen stets wiederholen und mit der M und der RandM nach dem linken Pfeil enden. In allen Rückreihen die Strickschrift entsprechend von links nach rechts lesen. Dabei die Streifenfolge beachten. Die 1. - 12. R stets wiederholen. Die 1. R ist dabei eine Rückreihe.

Streifenfolge:
1 R Farbe A, * 2 R Farbe B, 2 R Farbe A, ab * stets wiederholen.

Die hier abgebildete Farbvariante wurde wie folgt gestrickt:
1 R Rosa, * 2 R Rot, 2 R Rosa, ab * stets wiederholen.

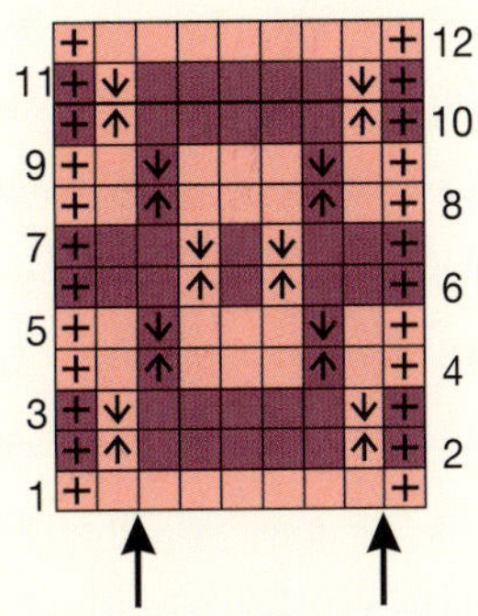

Zeichenerklärung:

+ = Randmasche
□ = 1 Masche rechts
↑ = 1 Masche abheben (Faden hinten)
↓ = 1 Masche abheben (Faden vorne)

Mykonosmuster

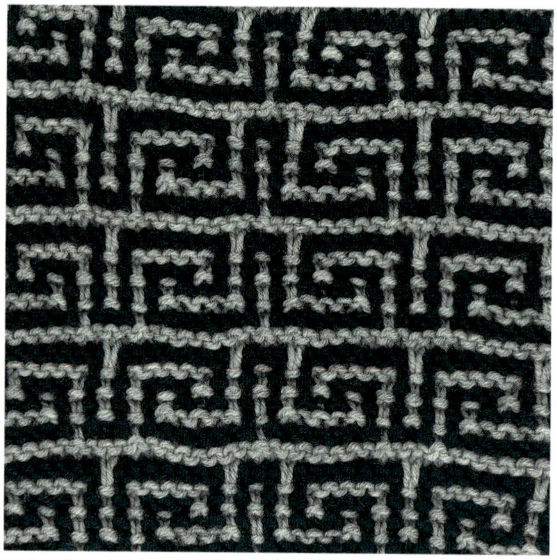

Schwierigkeitsgrad einfach
Kategorie kraus rechts gestrickte Hebemaschenmuster

Maschenzahl teilbar durch 20 + 1 + 2 Randmasche.

STRICKEN NACH MUSTERBESCHREIBUNG

1. Reihe (Rückreihe, Farbe A): RandM, alle M rechts stricken, RandM.
2. Reihe (Hinreihe, Farbe B): RandM, * 1 M abheben (Faden hinten), 7 M rechts, 1 M abheben (Faden hinten), 3 M rechts, 1 M abheben (Faden hinten), 7 M rechts, ab * stets wiederholen, 1 M abheben (Faden hinten), RandM.
3. Reihe (Rückreihe, Farbe B): RandM, 1 M abheben (Faden vorne), * 7 M rechts, 1 M abheben (Faden vorne), 3 M rechts, 1 M abheben (Faden vorne), 7 M rechts, 1 M abheben (Faden vorne), ab * stets wiederholen, RandM.
4. Reihe (A): RandM, * 1 M rechts, 1 M abheben (Faden hinten), 5 M rechts, [1 M abheben (Faden hinten), 1 M rechts] 3x, 1 M abheben (Faden hinten), 5 M rechts, 1 M abheben (Faden hinten), ab * stets wiederholen, 1 M rechts, RandM.
5. Reihe (A): RandM, 1 M rechts, * 1 M abheben (Faden vorne), 5 M rechts, [1 M abheben (Faden vorne), 1 M rechts] 3x, 1 M abheben (Faden vorne), 5 M rechts, 1 M abheben (Faden vorne), 1 M rechts, ab * stets wiederholen, RandM.
6. Reihe (B): RandM, * 1 M abheben (Faden hinten), 1 M rechts, 1 M abheben (Faden hinten), 3 M rechts, [1 M abheben (Faden hinten), 1 M rechts] 4x, 1 M abheben (Faden hinten), 3 M rechts, 1 M abheben (Faden hinten), 1 M rechts, ab * stets wiederholen, 1 M abheben (Faden hinten), RandM.
7. Reihe (B): RandM, 1 M abheben (Faden vorne), * 1 M rechts, 1 M abheben (Faden vorne), 3 M rechts, [1 M abheben (Faden vorne), 1 M rechts] 4x, 1 M abheben (Faden vorne), 3 M rechts, 1 M abheben (Faden vorne), 1 M rechts, 1 M abheben (Faden vorne), ab * stets wiederholen, RandM.
8. Reihe (A): RandM, * 1 M rechts, 1 M abheben (Faden hinten), ab * stets wiederholen, 1 M rechts, RandM.
9. Reihe (A): RandM, 1 M rechts, * 1 M abheben (Faden vorne), 1 M rechts, ab * stets wiederholen, RandM.
10. Reihe (B): RandM, * [1 M abheben (Faden hinten), 1 M rechts, 1 M abheben (Faden hinten), 1 M rechts, 1 M abheben (Faden hinten), 3 M rechts] 2x, 1 M abheben (Faden hinten), 1 M rechts, 1 M abheben (Faden hinten), 1 M rechts, ab * stets wiederholen, 1 M abheben (Faden hinten), RandM.
11. Reihe (B): RandM, 1 M abheben (Faden vorne), * 1 M rechts, 1 M abheben (Faden vorne), 1 M rechts, 1 M abheben (Faden vorne), [3 M rechts, 1 M abheben (Faden vorne), 1 M rechts, 1 M abheben (Faden vorne), 1 M rechts 1 M abheben (Faden vorne)] 2x, ab * stets wiederholen, RandM.
12. Reihe (A): RandM, * 1 M rechts, [1 M abheben (Faden hinten), 1 M rechts, 1 M abheben (Faden hinten), 5 M rechts] 2x, 1 M abheben (Faden hinten), 1 M rechts, 1 M abheben (Faden hinten), ab * stets wiederholen, 1 M rechts, RandM.
13. Reihe (A): RandM, 1 M rechts, * [1 M abheben (Faden vorne), 1 M rechts, 1 M abheben (Faden vorne), 5 M rechts] 2x, 1 M abheben (Faden vorne), 1 M rechts, 1 M abheben (Faden vorne), 1 M rechts, ab * stets wiederholen, RandM.
14. Reihe (B): RandM, * 2 M rechts, 1 M abheben (Faden hinten), 7 M rechts, 1 M abheben (Faden hinten), 7 M rechts, 1 M abheben (Faden hinten), 1 M rechts, ab * stets wiederholen, 1 M rechts, RandM.

15. Reihe (B): RandM, 1 M rechts, * 1 M rechts, 1 M abheben (Faden vorne), 7 M rechts, 1 M abheben (Faden vorne), 7 M rechts, 1 M abheben (Faden vorne), 2 M rechts,ab * stets wiederholen, RandM.
16. Reihe, Farbe A: RandM, alle M rechts stricken, RandM.

Die 1. - 16. Reihe stets wiederholen.

STRICKEN NACH STRICKSCHRIFT

In der Strickschrift sind alle Hin- und Rückreihen des Höhenrapportes notiert. Die Maschen sind so bezeichnet, wie sie gestrickt werden. In Hin- und Rückreihen rechts notierte Maschen ergeben also ein kraus rechts gestricktes Maschenbild.

In den HinR mit der RandM vor dem rechten Pfeil beginnen, den Rapport von 20 M zwischen den Pfeilen stets wiederholen und mit der M und der RandM nach dem linken Pfeil enden. In allen Rückreihen die Strickschrift entsprechend von links nach rechts lesen. Dabei die Streifenfolge beachten. Die 1. - 16. R stets wiederholen. Die 1. R ist dabei eine Rückreihe.

Streifenfolge:

1 R Farbe A, * 2 R Farbe B, 2 R Farbe A, ab * stets wiederholen.

Die hier abgebildete Farbvariante wurde wie folgt gestrickt:
1 R Hellgrau, * 2 R Dunkelgrün, 2 R Hellgrau, ab * stets wiederholen.

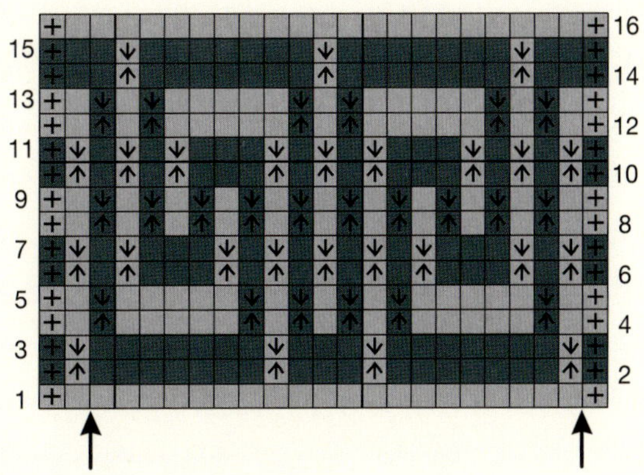

Zeichenerklärung:

[+] = Randmasche
[ ] = 1 Masche rechts
[↑] = 1 Masche abheben (Faden hinten)
[↓] = 1 Masche abheben (Faden vorne)

Ornamentmuster

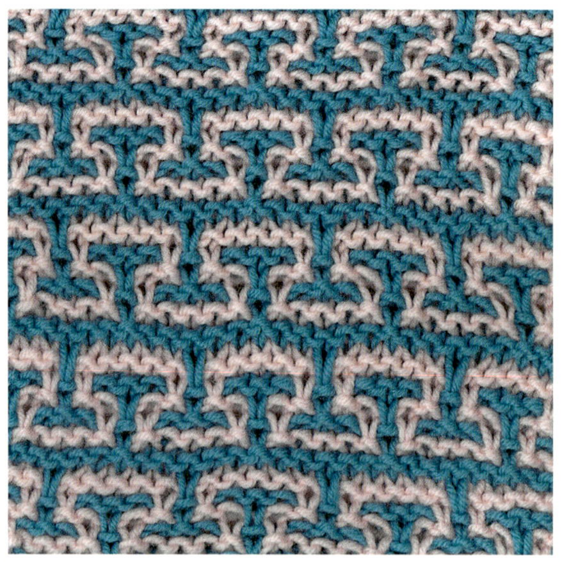

Schwierigkeitsgrad einfach
Kategorie kraus rechts gestrickte Hebemaschenmuster

Maschenzahl teilbar durch 6 + 2 Randmaschen.

STRICKEN NACH MUSTERBESCHREIBUNG

1. Reihe (Rückreihe, Farbe A): RandM, alle M rechts stricken, RandM.
2. Reihe (Hinreihe, Farbe B): RandM, * 3 M rechts, 1 M abheben (Faden hinten), 2 M rechts, ab * stets wiederholen, RandM.
3. Reihe (Rückreihe, Farbe B): RandM, * 2 M rechts, 1 M abheben (Faden vorne), 3 M rechts, ab * stets wiederholen, RandM.
4. Reihe (A): RandM, * 2 M rechts, 1 M abheben (Faden hinten), 1 M rechts, 1 M abheben (Faden hinten), 1 M rechts, ab * stets wiederholen, RandM.
5. Reihe (A): RandM, * 1 M rechts, 1 M abheben (Faden vorne), 1 M rechts, 1 M abheben (Faden vorne), 2 M rechts, ab * stets wiederholen, RandM.
6. Reihe (B): RandM, * 1 M abheben (Faden hinten), 2 M rechts, ab * stets wiederholen, RandM.
7. Reihe (B): RandM, * 2 M rechts, 1 M abheben (Faden vorne), ab * stets wiederholen, RandM.
8. Reihe (A): RandM, * 1 M rechts, 1 M abheben (Faden hinten), 3 M rechts, 1 M abheben (Faden hinten), ab * stets wiederholen, RandM.
9. Reihe (A): RandM, * 1 M abheben (Faden vorne), 3 M rechts, 1 M abheben (Faden vorne), 1 M rechts, ab * stets wiederholen, RandM.
10. Reihe (B): RandM, * 1 M abheben (Faden hinten), 5 M rechts, ab * stets wiederholen, RandM.
11. Reihe (B): RandM, * 5 M rechts, 1 M abheben (Faden vorne), ab * stets wiederholen, RandM.
12. Reihe (A): RandM, alle M rechts stricken, RandM.

Die 1. – 12. Reihe stets wiederholen.

STRICKEN NACH STRICKSCHRIFT

In der Strickschrift sind alle Hin- und Rückreihen des Höhenrapportes notiert. Die Maschen sind so bezeichnet, wie sie gestrickt werden. In Hin- und Rückreihen rechts notierte Maschen ergeben also ein kraus rechts gestricktes Maschenbild.

In den HinR mit der RandM vor dem rechten Pfeil beginnen, den Rapport von 6 M zwischen den Pfeilen stets wiederholen und mit der RandM nach dem linken Pfeil enden. In allen Rückreihen die Strickschrift entsprechend von links nach rechts lesen. Dabei die Streifenfolge beachten. Die 1. – 12. R stets wiederholen. Die 1. R ist dabei eine Rückreihe.

Streifenfolge:

1 R Farbe A, * 2 R Farbe B, 2 R Farbe A, ab * stets wiederholen.

Die hier abgebildete Farbvariante wurde wie folgt gestrickt:
1 R Petrol, * 2 R Rosa, 2 R Petrol, ab * stets wiederholen.

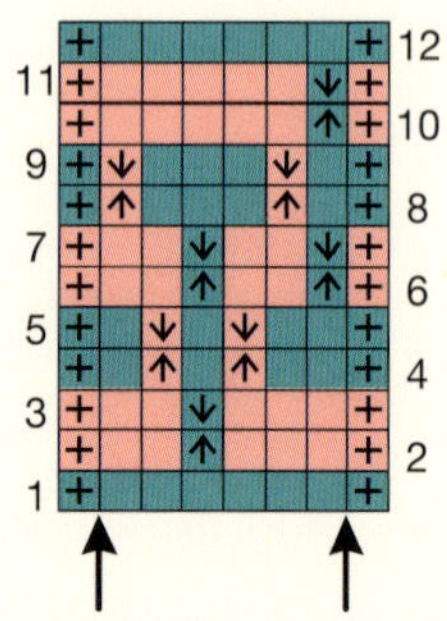

Zeichenerklärung:

+ = Randmasche
□ = 1 Masche rechts
↑ = 1 Masche abheben (Faden hinten)
↓ = 1 Masche abheben (Faden vorne)

Mäander

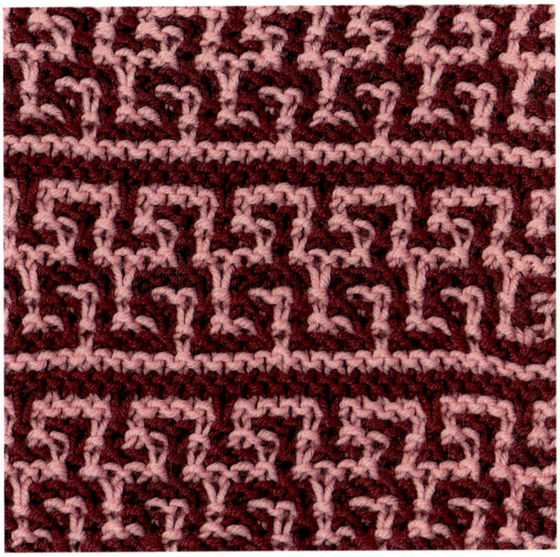

Schwierigkeitsgrad einfach
Kategorie kraus rechts gestrickte Hebemaschenmuster

Maschenzahl teilbar durch 5 + 2 Randmaschen.

STRICKEN NACH MUSTERBESCHREIBUNG

1. Reihe (Rückreihe, Farbe A): RandM, alle M rechts stricken, RandM.
2. Reihe (Hinreihe, Farbe B): RandM, * 3 M rechts, 1 M abheben (Faden hinten), 1 M rechts, ab * stets wiederholen, RandM.
3. Reihe (Rückreihe, Farbe B): RandM, * 1 M rechts, 1 M abheben (Faden vorne), 3 M rechts, ab * stets wiederholen, RandM.
4. Reihe (A): RandM, * 2 M rechts, 1 M abheben (Faden hinten), 1 M rechts, 1 M abheben (Faden hinten), ab * stets wiederholen, RandM.
5. Reihe (A): RandM, * 1 M abheben (Faden vorne), 1 M rechts, 1 M abheben (Faden vorne), 2 M rechts, ab * stets wiederholen, RandM.
6. Reihe (B): RandM, * 1 M rechts, 1 M abheben (Faden hinten), 1 M rechts, 1 M abheben (Faden hinten), 1 M rechts, ab * stets wiederholen, Randmasche.
7. Reihe(B): RandM, * 1 M rechts, 1 M abheben (Faden vorne), 1 M rechts, 1 M abheben (Faden vorne), 1 M rechts, ab * stets wiederholen, RandM.
8. Reihe (A): RandM, * 1 M abheben (Faden hinten), 1 M rechts, 1 M abheben (Faden hinten), 2 M rechts, ab * stets wiederholen, RandM.
9. Reihe (A): RandM, * 2 M rechts, 1 M abheben (Faden vorne), 1 M rechts, 1 M abheben (Faden vorne), ab * stets wiederholen, RandM.
10. Reihe (B): RandM, * 1 M rechts, 1 M abheben (Faden hinten), 3 M rechts, ab * stets wiederholen, RandM.
11. Reihe (B): RandM, * 3 M rechts, 1 M abheben (Faden vorne), 1 Masche rechts, ab * stets wiederholen, RandM.
12. Reihe (A): RandM, * 3 M rechts, 1 M abheben (Faden hinten), 1 M rechts, ab * stets wiederholen, RandM.
13. Reihe (A): RandM, * 1 M rechts, 1 M abheben (Faden vorne), 3 M rechts, ab * stets wiederholen, RandM.
14. Reihe (B): RandM, * 2 M rechts, 1 M abheben (Faden hinten), 1 M rechts, 1 M abheben (Faden hinten), ab * stets wiederholen, RandM.
15. Reihe (B): RandM, * 1 M abheben (Faden vorne), 1 M rechts, 1 M abheben (Faden vorne), 2 M rechts, ab * stets wiederholen, RandM.
16. Reihe (A): RandM, * 1 M rechts, 1 M abheben (Faden hinten), 1 M rechts, 1 M abheben (Faden hinten), 1 M rechts, ab * stets wiederholen, RandM.
17. Reihe (A): RandM, * 1 M rechts, 1 M abheben (Faden vorne), 1 M rechts, 1 M abheben (Faden vorne), 1 M rechts, ab * stets wiederholen, RandM.
18. Reihe (B): RandM, * 1 M abheben (Faden hinten), 1 M rechts, 1 M abheben (Faden hinten), 2 M rechts, ab * stets wiederholen, RandM.
19. Reihe (B): RandM, * 2 M rechts, 1 M abheben (Faden vorne), 1 M rechts, 1 M abheben (Faden vorne), ab * stets wiederholen, RandM.
20. Reihe (A): RandM, * 1 M rechts, 1 M abheben (Faden hinten), 3 M rechts, ab * stets wiederholen, RandM.
21. Reihe (A): RandM, * 3 M rechts, 1 M abheben (Faden vorne), 1 Masche rechts, ab * stets wiederholen, RandM.
22. Reihe (B): RandM, alle M rechts stricken, RandM.
23. Reihe (B): RandM, alle M rechts stricken, RandM.
24. Reihe (A): RandM, alle M rechts stricken, RandM.

Die 1. – 24. Reihe stets wiederholen.

STRICKEN NACH STRICKSCHRIFT

In der Strickschrift sind alle Hin- und Rückreihen des Höhenrapportes notiert. Die Maschen sind so bezeichnet, wie sie gestrickt werden. In Hin- und Rückreihen rechts notierte Maschen ergeben also ein kraus rechts gestricktes Maschenbild.

In den HinR mit der RandM vor dem rechten Pfeil beginnen, den Rapport von 5 M zwischen den Pfeilen stets wiederholen und mit der RandM nach dem linken Pfeil enden. In allen Rückreihen die Strickschrift entsprechend von links nach rechts lesen. Dabei die Streifenfolge beachten. Die 1. - 24. R stets wiederholen. Die 1. R ist dabei eine Rückreihe.

Streifenfolge:

1 R Farbe A, * 2 R Farbe B, 2 R Farbe A, ab * stets wiederholen.

Die hier abgebildete Farbvariante wurde wie folgt gestrickt:
1 R Rosa, * 2 R Rot, 2 R Rosa, ab * stets wiederholen.

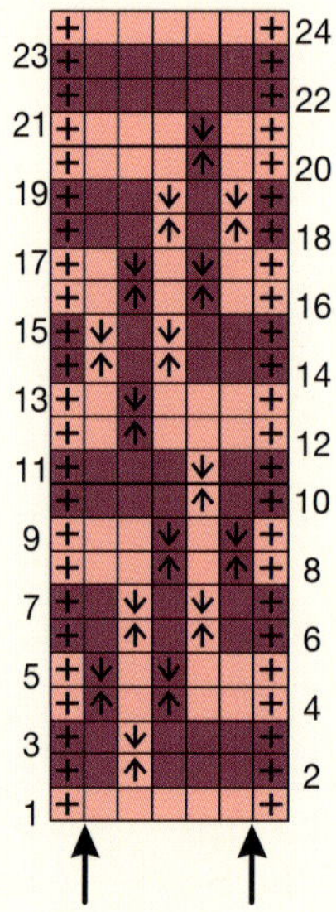

Zeichenerklärung:

[+] = Randmasche
[ ] = 1 Masche rechts
[↑] = 1 Masche abheben (Faden hinten)
[↓] = 1 Masche abheben (Faden vorne)

Mosaikmuster

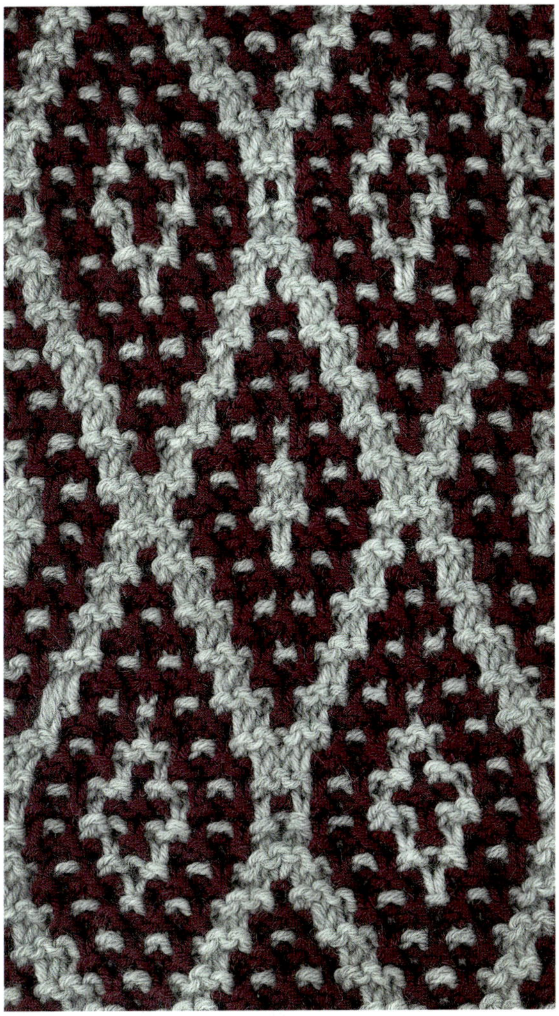

Schwierigkeitsgrad einfach
Kategorie kraus gestrickte Hebemaschenmuster

Maschenzahl teilbar durch 14 + 1 + 2 Randmaschen.

STRICKEN NACH MUSTERBESCHREIBUNG

1. Reihe (Rückreihe, Farbe A): RandM, alle M rechts stricken, RandM.
2. Reihe (Hinreihe, Farbe B): RandM, * 2 M abheben (Faden hinten), 4 M rechts, 3 M abheben (Faden hinten), 4 M rechts, 1 M abheben (Faden hinten), ab * stets wiederholen, 1 M abheben (Faden hinten), RandM.
3. Reihe (Rückreihe, Farbe B): RandM, 1 M abheben (Faden vorne), * 1 M abheben (Faden vorne), 4 M rechts, 3 M abheben (Faden vorne), 4 M rechts, 2 M abheben (Faden vorne), ab * stets wiederholen, RandM.
4. Reihe (A): RandM, * 2 M rechts, 1 M abheben (Faden hinten), 1 M rechts, 1 M abheben (Faden hinten), 5 M rechts, 1 M abheben (Faden hinten), 1 M rechts, 1 M abheben (Faden hinten), 1 M rechts, ab * stets wiederholen, 1 M rechts, RandM.
5. Reihe (A): RandM, 1 M rechts, * 1 M rechts, 1 M abheben (Faden vorne), 1 M rechts, 1 M abheben (Faden vorne), 5 M rechts, 1 M abheben (Faden vorne), 1 M rechts, 1 M abheben (Faden vorne), 2 M rechts, ab * stets wiederholen, RandM.
6. Reihe (B): RandM, * 1 M abheben (Faden hinten), 4 M rechts, 2 M abheben (Faden hinten), 1 M rechts, 2 M abheben (Faden hinten), 4 M rechts, ab * stets wiederholen, 1 M abheben (Faden hinten), RandM.
7. Reihe (B): RandM, 1 M abheben (Faden vorne), * 4 M rechts, 2 M abheben (Faden vorne), 1 M rechts, 2 M abheben (Faden vorne), 4 M rechts, 1 M abheben (Faden vorne), ab * stets wiederholen, RandM.
8. Reihe (A): RandM, * 1 M rechts, 1 M abheben (Faden hinten), 1 M rechts, 1 M abheben (Faden hinten), 3 M rechts, 1 M abheben (Faden hinten), 3 M rechts, 1 M abheben (Faden hinten), 1 M rechts, 1 M abheben (Faden hinten), ab * stets wiederholen, 1 M rechts, RandM.
9. Reihe (A): RandM, 1 M rechts, * 1 M abheben (Faden vorne), 1 M rechts, 1 M abheben (Faden vorne), 3 M rechts, 1 M abheben (Faden vorne), 3 M rechts, 1 M abheben (Faden vorne), 1 M rechts, 1 M abheben (Faden vorne), 1 M rechts, ab * stets wiederholen, RandM.
10. Reihe (B): RandM, * 4 M rechts, 2 M abheben (Faden hinten), 3 M rechts, 2 M abheben (Faden hinten), 3 M rechts, ab * stets wiederholen, 1 M rechts, RandM.
11. Reihe (B): RandM, 1 M rechts, * 3 M rechts, 2 M abheben (Faden vorne), 3 M rechts, 2 M abheben (Faden vorne), 4 M rechts, ab * stets wiederholen, RandM.
12. Reihe (A): RandM, * 1 M abheben (Faden hinten), 1 M rechts, 1 M abheben (Faden hinten), 3 M rechts, 1 M abheben (Faden hinten), 1 M rechts, 1 M abheben (Faden hinten), 3 M rechts, 1 M abheben (Faden hinten), 1 M rechts, ab * stets wiederholen, 1 M abheben (Faden hinten), RandM.
13. Reihe (A): RandM, 1 M abheben (Faden vorne), * 1 M rechts, 1 M abheben (Faden vorne), 3 M rechts, 1 M abheben (Faden vorne),

1 M rechts, 1 M abheben (Faden vorne), 3 M rechts, 1 M abheben (Faden vorne), 1 M rechts, 1 M abheben (Faden vorne), ab * stets wiederholen, RandM.

14. Reihe (B): RandM, * 3 M rechts, 2 M abheben (Faden hinten), 5 M rechts, 2 M abheben (Faden hinten), 2 M rechts, ab * stets wiederholen, 1 M rechts, RandM.

15. Reihe (B): RandM, 1 M rechts, * 2 M rechts, 2 M abheben (Faden vorne), 5 M rechts, 2 M abheben (Faden vorne), 3 M rechts, ab * stets wiederholen, RandM.

16. Reihe (A): RandM, * 1 M rechts, 1 M abheben (Faden hinten), 3 M rechts, 1 M abheben (Faden hinten), 1 M rechts, 1 M abheben (Faden hinten), 1 M rechts, 1 M abheben (Faden hinten), 3 M rechts, 1 M abheben (Faden hinten), ab * stets wiederholen, 1 M rechts, RandM.

17. Reihe (A): RandM, 1 M rechts, * 1 M abheben (Faden vorne), 3 M rechts, 1 M abheben (Faden vorne), 1 M rechts, 1 M abheben (Faden vorne), 1 M rechts, 1 M abheben (Faden vorne), 3 M rechts, 1 M abheben (Faden vorne), 1 M rechts, ab * stets wiederholen, RandM.

18. Reihe (B): RandM, * 2 M rechts, 2 M abheben (Faden hinten), 7 M rechts, 2 M abheben (Faden hinten), 1 M rechts, ab * stets wiederholen, 1 M rechts, RandM.

19. Reihe (B): RandM, 1 M rechts, * 1 M rechts, 2 M abheben (Faden vorne), 7 M rechts, 2 M abheben (Faden vorne), 2 M rechts, ab * stets wiederholen, RandM.

20. Reihe (A): RandM, * 1 M abheben (Faden hinten), 3 M rechts, [1 M abheben (Faden hinten), 1 M rechts] 3x, 1 M abheben (Faden hinten), 3 M rechts, ab * stets wiederholen, 1 M abheben (Faden hinten), RandM.

21. Reihe (A): RandM, 1 M abheben (Faden vorne), * 3 M rechts, [1 M abheben (Faden vorne), 1 M rechts] 3x, 1 M abheben (Faden vorne), 3 M rechts, 1 M abheben (Faden vorne), ab * stets wiederholen, RandM.

22. Reihe (B): RandM, * 1 M rechts, 2 M abheben (Faden hinten), 4 M rechts, 1 M abheben (Faden hinten), 4 M rechts, 2 M abheben (Faden hinten), ab * stets wiederholen, 1 M rechts, RandM.

23. Reihe (B): RandM, 1 M rechts, * 2 M abheben (Faden vorne), 4 M rechts, 1 M abheben (Faden vorne), 4 M rechts, 2 M abheben (Faden vorne), 1 M rechts, ab * stets wiederholen, RandM.

24. Reihe (A): RandM, * 3 M rechts, 1 M abheben (Faden hinten), 1 M rechts, 1 M abheben (Faden hinten), ab * stets wiederholen, 3 M rechts, RandM.

25. Reihe (A): RandM, * 3 M rechts, 1 M abheben (Faden vorne), 1 M rechts, 1 M abheben (Faden vorne), ab * stets wiederholen, 3 M rechts, RandM.

26. Reihe (B): RandM, * 2 M abheben (Faden hinten), 4 M rechts, 1 M abheben (Faden hinten), 1 M rechts, 1 M abheben (Faden hinten), 4 M rechts, 1 M abheben (Faden hinten), ab * stets wiederholen, 1 M abheben (Faden hinten), RandM.

27. Reihe (B): RandM, 1 M abheben (Faden vorne) * 1 M abheben (Faden vorne), 4 M rechts, 1 M abheben (Faden vorne), 1 M rechts, 1 M abheben (Faden vorne), 4 M rechts, 2 M abheben (Faden vorne), ab * stets wiederholen, RandM.

28. Reihe (A): RandM, * 2 M rechts, 1 M abheben (Faden hinten), 1 M rechts, 1 M abheben (Faden hinten), 2 M rechts, 1 M abheben (Faden hinten), 2 M rechts, 1 M abheben (Faden hinten), 1 M rechts, 1 M abheben (Faden hinten), 1 M rechts, ab * stets wiederholen, 1 M rechts, RandM.

29. Reihe (A): RandM, 1 M rechts, * 1 M rechts, 1 M abheben (Faden vorne), 1 M rechts, 1 M abheben (Faden vorne), 2 M rechts, 1 M abheben (Faden vorne), 2 M rechts, 1 M abheben (Faden vorne), 1 M rechts, 1 M abheben (Faden vorne), 2 M rechts, ab * stets wiederholen, RandM.

30. Reihe (B): RandM, * 1 M rechts, [1 M abheben (Faden hinten), 3 M rechts] 3x, 1 M abheben (Faden hinten), ab * stets wiederholen, 1 M rechts, RandM.

31. Reihe (B): RandM, 1 M rechts, * [1 M abheben (Faden vorne), 3 M rechts] 3x, 1 M abheben (Faden vorne), 1 M rechts, ab * stets wiederholen, RandM.

32. Reihe (A): RandM, * 2 M rechts, 1 M abheben (Faden hinten), 1 M rechts, 1 M abheben (Faden hinten), 2 M rechts, 1 M abheben (Faden hinten), 2 M rechts, 1 M abheben (Faden hinten), 1 M rechts, 1 M abheben (Faden hinten), 1 M rechts, ab * stets wiederholen, 1 M rechts, RandM.

33. Reihe (A): RandM, 1 M rechts, * 1 M rechts, 1 M abheben (Faden vorne), 1 M rechts, 1 M abheben (Faden vorne), 2 M rechts, 1 M abheben (Faden vorne), 2 M rechts, 1 M abheben (Faden vorne), 1 M rechts, 1 M abheben (Faden vorne), 2 M rechts, ab * stets wiederholen, RandM.

34. Reihe (B): RandM, * 2 M abheben (Faden hinten), 4 M rechts, 1 M abheben (Faden hinten), 1 M rechts, 1 M abheben (Faden hinten),

4 M rechts, 1 M abheben (Faden hinten), ab * stets wiederholen, 1 M abheben (Faden hinten), RandM.

35. Reihe (B): RandM, 1 M abheben (Faden vorne), * 1 M abheben (Faden vorne), 4 M rechts, 1 M abheben (Faden vorne), 1 M rechts, 1 M abheben (Faden vorne), 4 M rechts, 2 M abheben (Faden vorne), ab * stets wiederholen,RandM.

36. Reihe (A): RandM, * 3 M rechts, 1 M abheben (Faden hinten), 1 M rechts, 1 M abheben (Faden hinten), ab * stets wiederholen, 3 M rechts, RandM.

37. Reihe (A): RandM, 3 M rechts, * 1 M abheben (Faden vorne), 1 M rechts, 1 M abheben (Faden vorne), 3 M rechts, ab * stets wiederholen, RandM.

38. Reihe (B): RandM, * 1 M rechts, 2 M abheben (Faden hinten), 4 M rechts, 1 M abheben (Faden hinten), 4 M rechts, 2 M abheben (Faden hinten), ab * stets wiederholen, 1 M rechts, RandM.

39. Reihe (B): RandM, 1 M rechts, * 2 M abheben (Faden vorne), 4 M rechts, 1 M abheben (Faden vorne), 4 M rechts, 2 M abheben (Faden vorne), 1 M rechts, ab * stets wiederholen, RandM.

40. Reihe (A): RandM, * 1 M abheben (Faden hinten), 3 M rechts, [1 M abheben (Faden hinten), 1 M rechts] 3x, 1 M abheben (Faden hinten), 3 M rechts, ab * stets wiederholen, 1 M abheben (Faden hinten), RandM.

41. Reihe (A): RandM, 1 M abheben (Faden vorne), * 3 M rechts, [1 M abheben (Faden vorne), 1 M rechts] 3x, 1 M abheben (Faden vorne), 3 M rechts, 1 M abheben (Faden vorne), ab * stets wiederholen, RandM.

42. Reihe (B): RandM, * 2 M rechts, 2 M abheben (Faden hinten), 7 M rechts, 2 M abheben (Faden hinten), 1 M rechts, ab * stets wiederholen, 1 M rechts, RandM.

43. Reihe (B): RandM, 1 M rechts, * 1 M rechts, 2 M abheben (Faden vorne), 7 M rechts, 2 M abheben (Faden vorne), 2 M rechts, ab * stets wiederholen, RandM.

44. Reihe (A): RandM, * 1 M rechts, 1 M abheben (Faden hinten), 3 M rechts, 1 M abheben (Faden hinten), 1 M rechts, 1 M abheben (Faden hinten), 1 M rechts, 1 M abheben (Faden hinten), 3 M rechts, 1 M abheben (Faden hinten), ab * stets wiederholen, 1 M rechts, RandM.

45. Reihe (A): RandM, 1 M rechts, * 1 M abheben (Faden vorne), 3 M rechts, 1 M abheben (Faden vorne), 1 M rechts, 1 M abheben (Faden vorne), 1 M rechts, 1 M abheben (Faden vorne), 3 M rechts, 1 M abheben (Faden vorne), 1 M rechts, ab * stets wiederholen, RandM.

46. Reihe (B): RandM, * 3 M rechts, 2 M abheben (Faden hinten), 5 M rechts, 2 M abheben (Faden hinten), 2 M rechts, ab * stets wiederholen, 1 M rechts, RandM.

47. Reihe (B): RandM, 1 M rechts, * 2 M rechts, 2 M abheben (Faden vorne), 5 M rechts, 2 M abheben (Faden vorne), 3 M rechts, ab * stets wiederholen, RandM.

48. Reihe (A): RandM, * 1 M abheben (Faden hinten), 1 M rechts, 1 M abheben (Faden hinten), 3 M rechts, 1 M abheben (Faden hinten), 1 M rechts, 1 M abheben (Faden hinten), 3 M rechts, 1 M abheben (Faden hinten), 1 M rechts, ab * stets wiederholen, 1 M abheben (Faden hinten), RandM.

49. Reihe (A): RandM, 1 M abheben (Faden vorne), * 1 M rechts, 1 M abheben (Faden vorne), 3 M rechts, 1 M abheben (Faden vorne), 1 M rechts, 1 M abheben (Faden vorne), 3 M rechts, 1 M abheben (Faden vorne), 1 M rechts, 1 M abheben (Faden vorne), ab * stets wiederholen, RandM.

50. Reihe (B): RandM, * 4 M rechts, 2 M abheben (Faden hinten), 3 M rechts, 2 M abheben (Faden hinten), 3 M rechts, ab * stets wiederholen, 1 M rechts, RandM.

51. Reihe (B): RandM, 1 M rechts, * 3 M rechts, 2 M abheben (Faden vorne), 3 M rechts, 2 M abheben (Faden vorne), 4 M rechts, ab * stets wiederholen, RandM.

52. Reihe (A): RandM, * 1 M rechts, 1 M abheben (Faden hinten), 1 M rechts, 1 M abheben (Faden hinten), 3 M rechts, 1 M abheben (Faden hinten), 3 M rechts, 1 M abheben (Faden hinten), 1 M rechts, 1 M abheben (Faden hinten), ab * stets wiederholen, 1 M rechts, RandM.

53. Reihe (A): RandM, 1 M rechts, * 1 M abheben (Faden vorne), 1 M rechts, 1 M abheben (Faden vorne), 3 M rechts, 1 M abheben (Faden vorne), 3 M rechts, 1 M abheben (Faden vorne), 1 M rechts, 1 M abheben (Faden vorne), 1 M rechts, ab * stets wiederholen, RandM.

54. Reihe (B): RandM, * 1 M abheben (Faden hinten), 4 M rechts, 2 M abheben (Faden hinten), 1 M rechts, 2 M abheben (Faden hinten), 4 M rechts, ab * stets wiederholen, 1 M abheben (Faden hinten), RandM.

55. Reihe (B): RandM, 1 M abheben (Faden vorne), * 4 M rechts, 2 M abheben (Faden vorne), 1 M rechts, 2 M abheben (Faden vorne), 4 M rechts, 1 M abheben (Faden vorne) ab * stets wiederholen, RandM.

56. Reihe (A): RandM, * 2 M rechts, 1 M abheben (Faden hinten), 1 M rechts, 1 M abheben (Faden hinten), 5 M rechts, 1 M abheben (Faden hinten), 1 M rechts, 1 M abheben (Faden hinten), 1 M rechts, ab * stets wiederholen, 1 M rechts, RandM.
57. Reihe (A): RandM, 1 M rechts, * 1 M rechts, 1 M abheben (Faden vorne), 1 M rechts, 1 M abheben (Faden vorne), 5 M rechts, 1 M abheben (Faden vorne), 1 M rechts, 1 M abheben (Faden vorne), 2 M rechts, ab * stets wiederholen, RandM.

Einmal die 1. - 57. Reihe arbeiten, dann die 2. - 57. Reihe stets wiederholen.

STRICKEN NACH STRICKSCHRIFT

In der Strickschrift sind alle Hin- und Rückreihen des Höhenrapportes notiert. Die Maschen sind so bezeichnet, wie sie gestrickt werden. In Hin- und Rückreihen rechts notierte Maschen ergeben also ein kraus rechts gestricktes Maschenbild.

In den HinR mit der RandM vor dem rechten Pfeil beginnen, den Rapport von 14 M zwischen den Pfeilen stets wiederholen und mit der letzten M und der RandM nach dem linken Pfeil enden. In allen Rückreihen die Strickschrift entsprechend von links nach rechts lesen. Dabei die Streifenfolge beachten. Einmal die 1. - 57. R arbeiten, dann die 2. - 57. R stets wiederholen. Die 1. R ist dabei eine Rückreihe.

Streifenfolge:

1 R Farbe A, * 2 R Farbe B, 2 R Farbe A, ab * stets wiederholen.

Die hier abgebildete Farbvariante wurde wie folgt gestrickt:
1 R Hellgrau, * 2 R Rot, 2 R Hellgrau, ab * stets wiederholen.

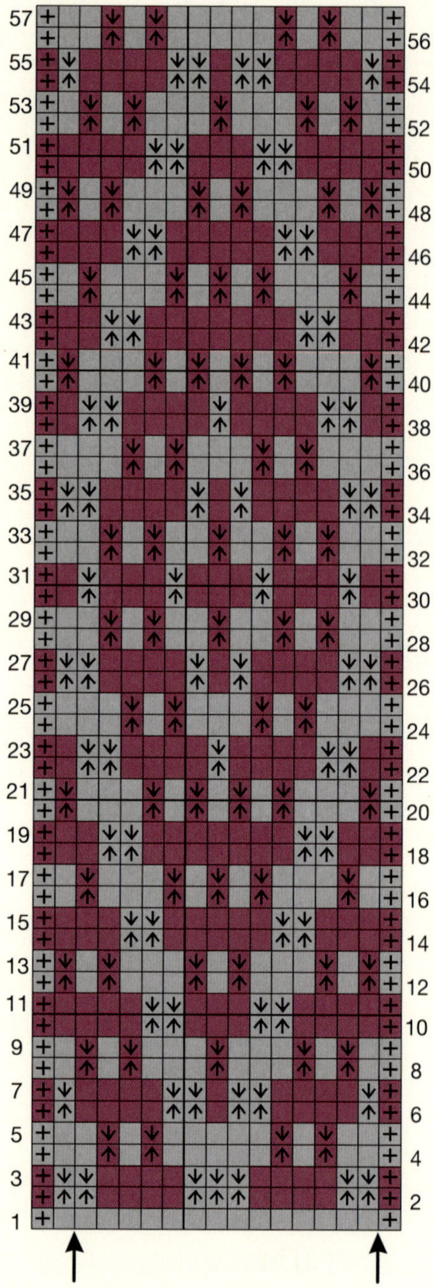

Zeichenerklärung:

+ = Randmasche
☐ = 1 Masche rechts
↑ = 1 Masche abheben (Faden hinten)
↓ = 1 Masche abheben (Faden vorne)

Positiv-Negativ

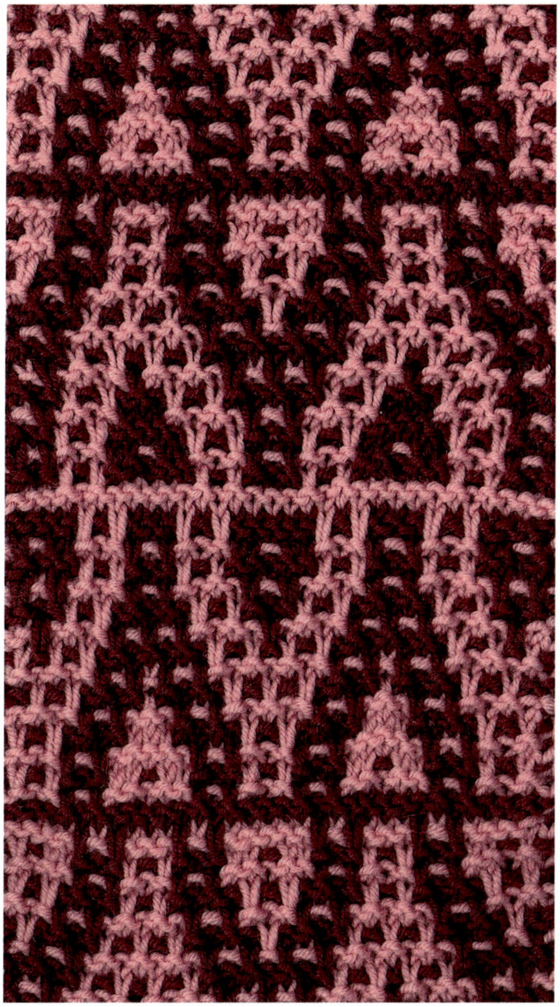

Schwierigkeitsgrad einfach
Kategorie kraus gestrickte Hebemaschenmuster

Maschenzahl teilbar durch 14 + 3 + 2 Randmaschen.

STRICKEN NACH MUSTERBESCHREIBUNG

1. Reihe (Rückreihe, Farbe A): RandM, alle M rechts stricken, RandM.

2. Reihe (Hinreihe, Farbe B): RandM, * 3 M rechts, 1 M abheben (Faden hinten), 1 M rechts, 1 M abheben (Faden hinten), 5 M rechts, 1 M abheben (Faden hinten), 1 M rechts, 1 M abheben (Faden hinten), ab * stets wiederholen, 3 M rechts, RandM.

3. Reihe (Rückreihe, Farbe B): RandM, 3 M rechts, * 1 M abheben (Faden vorne), 1 M rechts, 1 M abheben (Faden vorne), 5 M rechts, 1 M abheben (Faden vorne), 1 M rechts, 1 M abheben (Faden vorne), 3 M rechts, ab * stets wiederholen, RandM.

4. Reihe (A): RandM, * 1 M abheben (Faden hinten), 1 M rechts, 1 M abheben (Faden hinten), 3 M rechts, 2 M abheben (Faden hinten), 1 M rechts, 2 M abheben (Faden hinten), 3 M rechts, ab * stets wiederholen, 1 M abheben (Faden hinten), 1 M rechts, 1 M abheben (Faden hinten), RandM.

5. Reihe (A): RandM, 1 M abheben (Faden vorne), 1 M rechts, 1 M abheben (Faden vorne), * 3 M rechts, 2 M abheben (Faden vorne), 1 M rechts, 2 M abheben (Faden vorne), 3 M rechts, 1 M abheben (Faden vorne), 1 M rechts, 1 M abheben (Faden vorne), ab * stets wiederholen, RandM.

6. Reihe (B): RandM, * 3 M rechts, 1 M abheben (Faden hinten), 1 M rechts, 1 M abheben (Faden hinten), 5 M rechts, 1 M abheben (Faden hinten), 1 M rechts, 1 M abheben (Faden hinten), ab * stets wiederholen, 3 M rechts, RandM.

7. Reihe (B): RandM, 3 M rechts, * 1 M abheben (Faden vorne), 1 M rechts, 1 M abheben (Faden vorne), 5 M rechts, 1 M abheben (Faden vorne), 1 M rechts, 1 M abheben (Faden vorne), 3 M rechts, ab * stets wiederholen, RandM.

8. Reihe (A): RandM, * 1 M abheben (Faden hinten), 1 M rechts, 1 M abheben (Faden hinten), 4 M rechts, 3 M abheben (Faden hinten), 4 M rechts, ab * stets wiederholen, 1 M abheben (Faden hinten), 1 M rechts, 1 M abheben (Faden hinten), RandM.

9. Reihe (A): RandM, 1 M abheben (Faden vorne), 1 M rechts, 1 M abheben (Faden vorne), * 4 M rechts, 3 M abheben (Faden vorne), 4 M rechts, 1 M abheben (Faden vorne), 1 M rechts, 1 M abheben (Faden vorne), ab * stets wiederholen, RandM.

10. Reihe (B): RandM, * 4 M rechts, 1 M abheben (Faden hinten), 1 M rechts, 1 M abheben (Faden hinten), 3 M rechts, 1 M abheben (Faden hinten), 1 M rechts, 1 M abheben (Faden hinten), 1 M rechts, ab * stets wiederholen, 3 M rechts, RandM.

11. Reihe (B): RandM, 3 M rechts, * 1 M rechts, 1 M abheben (Faden vorne), 1 M rechts, 1 M abheben (Faden vorne), 3 M rechts, 1 M abheben (Faden vorne), 1 M rechts, 1 M abheben (Faden vorne), 4 M rechts, ab * stets wiederholen, RandM.

12. Reihe (A): RandM, * 1 M rechts, 1 M abheben (Faden hinten), 1 M rechts, 1 M abheben

(Faden hinten), 4 M rechts, 1 M abheben (Faden hinten), 4 M rechts, 1 M abheben (Faden hinten), ab * stets wiederholen, 1 M rechts, 1 M abheben (Faden hinten), 1 M rechts, RandM.

13. Reihe (A): RandM, 1 M rechts, 1 M abheben (Faden vorne), 1 M rechts, * 1 M abheben (Faden vorne), 4 M rechts, 1 M abheben (Faden vorne), 4 M rechts, 1 M abheben (Faden vorne), 1 M rechts, 1 M abheben (Faden vorne), 1 M rechts, ab * stets wiederholen, RandM.

14. Reihe (B): RandM, * 5 M rechts, 1 M abheben (Faden hinten), 1 M rechts, 1 M abheben (Faden hinten), 1 M rechts, 1 M abheben (Faden hinten), 1 M rechts, 1 M abheben (Faden hinten), 2 M rechts, ab * stets wiederholen, 3 M rechts, RandM.

15. Reihe (B): RandM, 3 M rechts, * 2 M rechts, 1 M abheben (Faden vorne), 1 M rechts, 1 M abheben (Faden vorne), 1 M rechts, 1 M abheben (Faden vorne), 1 M rechts, 1 M abheben (Faden vorne), 5 M rechts, ab * stets wiederholen, RandM.

16. Reihe (A): RandM, * 1 M abheben (Faden hinten), 1 M rechts, 1 M abheben (Faden hinten), 1 M rechts, 1 M abheben (Faden hinten), 7 M rechts, 1 M abheben (Faden hinten), 1 M rechts, ab * stets wiederholen, 1 M abheben (Faden hinten), 1 M rechts, 1 M abheben (Faden hinten), RandM.

17. Reihe (A): RandM, 1 M abheben (Faden vorne), 1 M rechts, 1 M abheben (Faden vorne), * 1 M rechts, 1 M abheben (Faden vorne), 7 M rechts, 1 M abheben (Faden vorne), 1 M rechts, 1 M abheben (Faden vorne), 1 M rechts, 1 M abheben (Faden vorne), ab * stets wiederholen, RandM.

18. Reihe (B): RandM, * 1 M rechts, 1 M abheben (Faden hinten), 4 M rechts, 1 M abheben (Faden hinten), 1 M rechts, 1 M abheben (Faden hinten), 1 M rechts, 1 M abheben (Faden hinten), 3 M rechts, ab * stets wiederholen, 1 M rechts, 1 M abheben (Faden hinten), 1 M rechts, RandM.

19. Reihe (B): RandM, 1 M rechts, 1 M abheben (Faden vorne), 1 M rechts, * 3 M rechts, 1 M abheben (Faden vorne), 1 M rechts, 1 M abheben (Faden vorne), 1 M rechts, 1 M abheben (Faden vorne), 4 M rechts, 1 M abheben (Faden vorne), 1 M rechts, ab * stets wiederholen, RandM.

20. Reihe (A): RandM, * 3 M rechts, 1 M abheben (Faden hinten), 1 M rechts, 1 M abheben (Faden hinten), 5 M rechts, 1 M abheben (Faden hinten), 1 M rechts, 1 M abheben (Faden hinten), ab * stets wiederholen, 3 M rechts, RandM.

21. Reihe (A): RandM, 3 M rechts, * 1 M abheben (Faden vorne), 1 M rechts, 1 M abheben (Faden vorne), 5 M rechts, 1 M abheben (Faden vorne), 1 M rechts, 1 M abheben (Faden vorne), 3 M rechts, ab * stets wiederholen, RandM.

22. Reihe (B): RandM, * 1 M abheben (Faden hinten), 1 M rechts, 1 M abheben (Faden hinten), 4 M rechts, ab * stets wiederholen, 1 M abheben (Faden hinten), 1 M rechts, 1 M abheben (Faden hinten), RandM.

23. Reihe (B): RandM, 1 M abheben (Faden vorne), 1 M rechts, 1 M abheben (Faden vorne), * 4 M rechts, 1 M abheben (Faden vorne), 1 M rechts, 1 M abheben (Faden vorne), ab * stets wiederholen, RandM.

24. Reihe (A): RandM, * 4 M rechts, 1 M abheben (Faden hinten), 1 M rechts, 1 M abheben (Faden hinten), 3 M rechts, 1 M abheben (Faden hinten), 1 M rechts, 1 M abheben (Faden hinten), 1 M rechts, ab * stets wiederholen, 3 M rechts, RandM.

25. Reihe (A): RandM, 3 M rechts, * 1 M rechts, 1 M abheben (Faden vorne), 1 M rechts, 1 M abheben (Faden vorne), 3 M rechts, 1 M abheben (Faden vorne), 1 M rechts, 1 M abheben (Faden vorne), 4 M rechts, ab * stets wiederholen, RandM.

26. Reihe (B): RandM, * 1 M abheben (Faden hinten), 1 M rechts, 2 M abheben (Faden hinten), 3 M rechts, 1 M abheben (Faden hinten), 1 M rechts, 1 M abheben (Faden hinten), 3 M rechts, 1 M abheben (Faden hinten), ab * stets wiederholen, 1 M abheben (Faden hinten), 1 M rechts, 1 M abheben (Faden hinten), RandM.

27. Reihe (B): RandM, 1 M abheben (Faden vorne), 1 M rechts, 1 M abheben (Faden vorne), * 1 M abheben (Faden vorne), 3 M rechts, 1 M abheben (Faden vorne), 1 M rechts, 1 M abheben (Faden vorne), 3 M rechts, 2 M abheben (Faden vorne), 1 M rechts, 1 M abheben (Faden vorne), ab * stets wiederholen, RandM.

28. Reihe (A): RandM, * 4 M rechts, 1 M abheben (Faden hinten), 1 M rechts, 1 M abheben (Faden hinten), 3 M rechts, 1 M abheben (Faden hinten), 1 M rechts, 1 M abheben (Faden hinten), 1 M rechts, ab * stets wiederholen, 3 M rechts, RandM.

29. Reihe (A): RandM, 3 M rechts, * 1 M rechts, 1 M abheben (Faden vorne), 1 M rechts, 1 M abheben (Faden vorne), 3 M rechts, 1 M abheben (Faden vorne), 1 M rechts, 1 M abheben (Faden vorne), 4 M rechts, ab * stets wiederholen, RandM.

30. Reihe (B): RandM, alle M rechts stricken, RandM.
31. Reihe (B): RandM, alle M rechts stricken, RandM.
32.-61. Reihe: Wie die 2.-31. R stricken, dabei aber die Farben vertauschen: Anstatt mit Farbe A nun mit Farbe B und anstatt mit Farbe B mit Farbe A stricken.

Einmal die 1. - 61. R arbeiten, dann die 2. - 61. Reihe stets wiederholen.

STRICKEN NACH STRICKSCHRIFT

In der Strickschrift sind alle Hin- und Rückreihen des Höhenrapportes notiert. Die Maschen sind so bezeichnet, wie sie gestrickt werden. In Hin- und Rückreihen rechts notierte Maschen ergeben also ein kraus rechts gestricktes Maschenbild.

In den HinR mit der RandM vor dem rechten Pfeil beginnen, den Rapport von 14 M zwischen den Pfeilen stets wiederholen und mit den 3 M und der RandM nach dem linken Pfeil enden. In allen Rückreihen die Strickschrift entsprechend von links nach rechts lesen. Dabei die Streifenfolge beachten.
Einmal die 1. - 61. R stricken, dann die 2. - 61. R stets wiederholen. Die 1. R ist dabei eine RückR.

Streifenfolge:

1 R Farbe A, * 2 R Farbe B, 2 R Farbe A, ab * stets wiederholen.

Die hier abgebildete Farbvariante wurde wie folgt gestrickt:
1 R Rosa, * 2 R Rot, 2 R Rosa, ab * stets wiederholen.

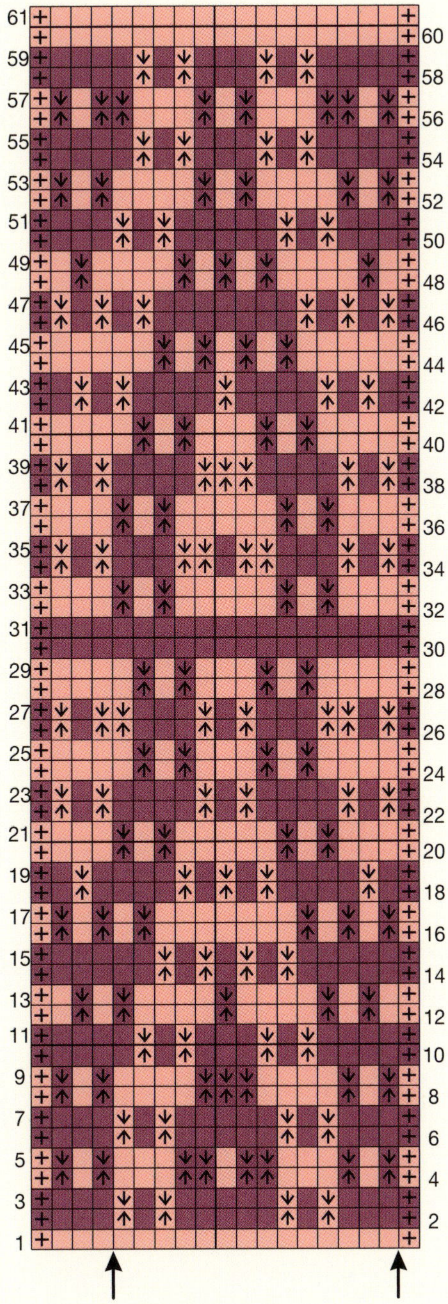

Zeichenerklärung:

+ = Randmasche
□ = 1 Masche rechts
↑ = 1 Masche abheben (Faden hinten)
↓ = 1 Masche abheben (Faden vorne)

Treppchenmuster nach rechts

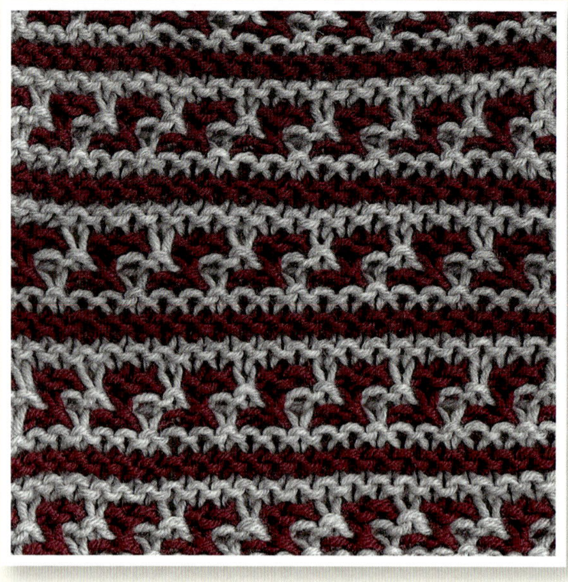

Schwierigkeitsgrad einfach
Kategorie kraus rechts gestrickte Hebemaschenmuster

Maschenzahl teilbar durch 3 + 2 Randmaschen.

STRICKEN NACH MUSTERBESCHREIBUNG

1. Reihe (Rückreihe, Farbe A): RandM, alle M rechts stricken, RandM.
2. Reihe (Hinreihe, Farbe B): RandM, * 2 M rechts, 1 M abheben (Faden hinten), ab * stets wiederholen, RandM.
3. Reihe (Rückreihe, Farbe B): RandM, * 1 M abheben (Faden vorne), 2 M rechts, ab * stets wiederholen, RandM.
4. Reihe (A): RandM, * 1 M abheben (Faden hinten), 2 M rechts, ab * stets wiederholen, RandM.
5. Reihe (A): RandM, * 2 M rechts, 1 M abheben (Faden vorne), ab * stets wiederholen, RandM.
6. Reihe (B): RandM, * 1 M rechts, 1 M abheben (Faden hinten), 1 M rechts, ab * stets wiederholen, RandM.
7. Reihe (B): RandM, * 1 M rechts, 1 M abheben (Faden vorne), 1 M rechts, ab * stets wiederholen, RandM.
8. Reihe (A): RandM, alle M rechts stricken, RandM.
9. Reihe (A): RandM, alle M rechts stricken, RandM.
10. Reihe (B): RandM, alle M rechts stricken, RandM.
11. Reihe (B): RandM, alle M rechts stricken, RandM.
12. Reihe (A): RandM, alle M rechts stricken, RandM.

Die 1. - 12. Reihe stets wiederholen.

STRICKEN NACH STRICKSCHRIFT

In der Strickschrift sind alle Hin- und Rückreihen des Höhenrapportes notiert. Die Maschen sind so bezeichnet, wie sie gestrickt werden. In Hin- und Rückreihen rechts notierte Maschen ergeben also ein kraus rechts gestricktes Maschenbild.

In den HinR mit der RandM vor dem rechten Pfeil beginnen, den Rapport von 3 M zwischen den Pfeilen stets wiederholen und mit der RandM nach dem linken Pfeil enden. In allen Rückreihen die Strickschrift entsprechend von links nach rechts lesen. Dabei die Streifenfolge beachten. Die 1. - 12. R stets wiederholen. Die 1. R ist dabei eine Rückreihe.

Streifenfolge:
1 R Farbe A, * 2 R Farbe B, 2 R Farbe A, ab * stets wiederholen.

Die hier abgebildete Farbvariante wurde wie folgt gestrickt:
1 R Hellgrau, * 2 R Rot, 2 R Hellgrau, ab * stets wiederholen.

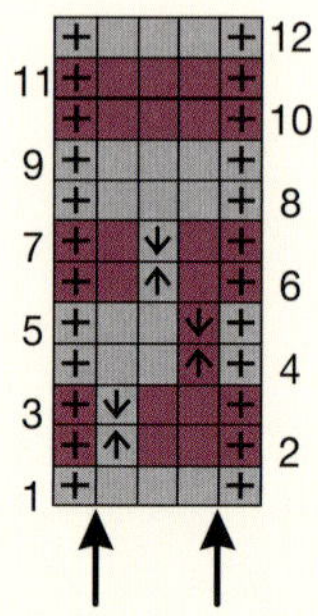

Zeichenerklärung:
[+] = Randmasche
[ ] = 1 Masche rechts
[↑] = 1 Masche abheben (Faden hinten)
[↓] = 1 Masche abheben (Faden vorne)

Treppchenmuster nach links

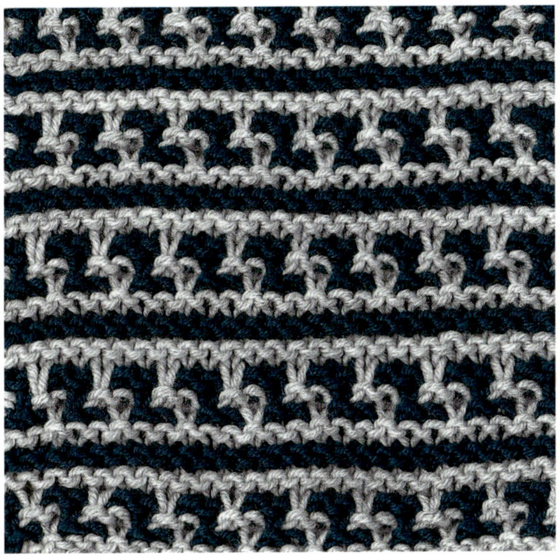

Schwierigkeitsgrad einfach
Kategorie kraus rechts gestrickte Hebemaschenmuster

Maschenzahl teilbar durch 3 + 2 Randmaschen.

STRICKEN NACH MUSTERBESCHREIBUNG

1. Reihe (Rückreihe, Farbe A): RandM, alle M rechts stricken, RandM.
2. Reihe (Hinreihe, Farbe B): RandM, * 1 M abheben (Faden hinten), 2 M rechts, ab * stets wiederholen, RandM.
3. Reihe (Rückreihe, Farbe B): RandM, * 2 M rechts, 1 M abheben (Faden vorne), ab * stets wiederholen, RandM.
4. Reihe (A): RandM, * 2 M rechts, 1 M abheben (Faden hinten), ab * stets wiederholen, RandM.
5. Reihe (A): RandM, * 1 M abheben (Faden vorne), 2 M rechts, ab * stets wiederholen, RandM.
6. Reihe (B): RandM, * 1 M rechts, 1 M abheben (Faden hinten), 1 M rechts, ab * stets wiederholen, RandM.
7. Reihe (B): RandM, * 1 M rechts, 1 M abheben (Faden vorne), 1 M rechts, ab * stets wiederholen, RandM.
8. Reihe (A): RandM, alle M rechts stricken, RandM.
9. Reihe (A): RandM, alle M rechts stricken, RandM.
10. Reihe (B): RandM, alle M rechts stricken, RandM.
11. Reihe (B): RandM, alle M rechts stricken, RandM.
12. Reihe (A): RandM, alle M rechts stricken, RandM.

Die 1. - 12. Reihe stets wiederholen.

STRICKEN NACH STRICKSCHRIFT

In der Strickschrift sind alle Hin- und Rückreihen des Höhenrapportes notiert. Die Maschen sind so bezeichnet, wie sie gestrickt werden. In Hin- und Rückreihen rechts notierte Maschen ergeben also ein kraus rechts gestricktes Maschenbild.

In den HinR mit der RandM vor dem rechten Pfeil beginnen, den Rapport von 3 M zwischen den Pfeilen stets wiederholen und mit der RandM nach dem linken Pfeil enden. In allen Rückreihen die Strickschrift entsprechend von links nach rechts lesen. Dabei die Streifenfolge beachten. Die 1. - 12. R stets wiederholen. Die 1. R ist dabei eine Rückreihe.

Streifenfolge:
1 R Farbe A, * 2 R Farbe B, 2 R Farbe A, ab * stets wiederholen.

Die hier abgebildete Farbvariante wurde wie folgt gestrickt:
1 R Hellgrau, * 2 R Dunkelgrün, 2 R Hellgrau, ab * stets wiederholen.

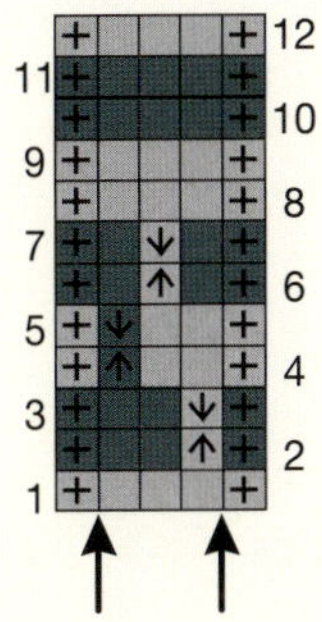

Zeichenerklärung:
+ = Randmasche
□ = 1 Masche rechts
↑ = 1 Masche abheben (Faden hinten)
↓ = 1 Masche abheben (Faden vorne)

Scala

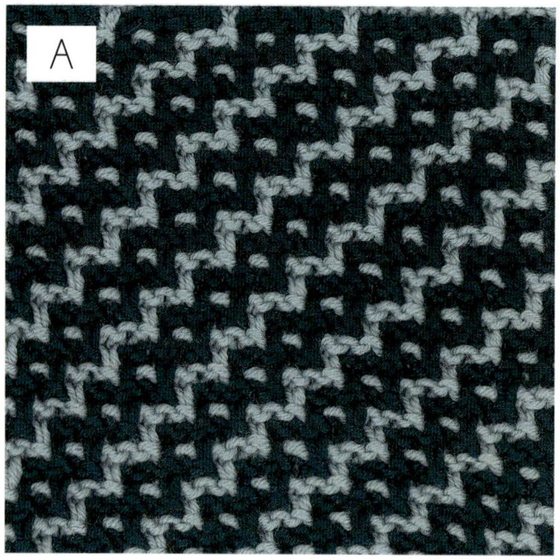

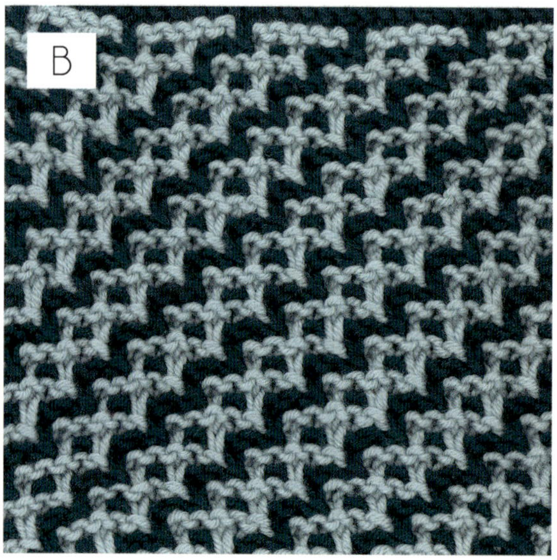

Schwierigkeitsgrad einfach
Kategorie kraus gestrickte Hebemaschenmuster

Maschenzahl teilbar durch 6 + 2 Randmaschen.

STRICKEN NACH MUSTERBESCHREIBUNG

1. Reihe (Rückreihe, Farbe A): RandM, alle M rechts stricken, RandM.
2. Reihe (Hinreihe, Farbe B): RandM, * 5 M rechts, 1 M abheben (Faden hinten), ab * stets wiederholen, RandM.
3. Reihe (Rückreihe, Farbe B): RandM, * 1 M abheben (Faden vorne), 5 M rechts, ab * stets wiederholen, RandM.
4. Reihe (A): RandM, * 1 M abheben (Faden hinten), 1 M rechts, 1 M abheben (Faden hinten), 3 M rechts, ab * stets wiederholen, RandM.
5. Reihe (A): RandM, * 3 M rechts, 1 M abheben (Faden vorne), 1 M rechts, 1 M abheben (Faden vorne), ab * stets wiederholen, RandM.
6. Reihe (B): RandM, * 3 M rechts, 1 M abheben (Faden hinten), 2 M rechts, ab * stets wiederholen, RandM.
7. Reihe (B): RandM, * 2 M rechts, 1 M abheben (Faden vorne), 3 M rechts, ab * stets wiederholen, RandM.
8. Reihe (A): RandM, * 1 M abheben (Faden hinten), 3 M rechts, 1 M abheben (Faden hinten), 1 M rechts, ab * stets wiederholen, RandM.
9. Reihe (A): RandM, * 1 M rechts, 1 M abheben (Faden vorne), 3 M rechts, 1 M abheben (Faden vorne), ab * stets wiederholen, RandM.
10. Reihe (B): RandM, * 1 M rechts, 1 M abheben (Faden hinten), 4 M rechts, ab * stets wiederholen, RandM.
11. Reihe (B): RandM, * 4 M rechts, 1 M abheben (Faden vorne), 1 M rechts, ab * stets wiederholen, RandM.
12. Reihe (A): RandM, * 2 M rechts, 1 M abheben (Faden hinten), 1 M rechts, 1 M abheben (Faden hinten), 1 M rechts, ab * stets wiederholen, RandM.
13. Reihe (A): RandM, * 1 M rechts, 1 M abheben (Faden vorne), 1 M rechts, 1 M abheben (Faden vorne), 2 M rechts, ab * stets wiederholen, RandM.

Einmal die 1. – 13. R arbeiten, dann die 2. – 13. R stets wiederholen.

STRICKEN NACH STRICKSCHRIFT

In der Strickschrift sind alle Hin- und Rückreihen des Höhenrapportes notiert. Die Maschen sind so bezeichnet, wie sie gestrickt werden. In Hin- und Rückreihen rechts notierte Maschen ergeben also ein kraus rechts gestricktes Maschenbild.

In den HinR mit der M vor dem rechten Pfeil beginnen, den Rapport von 6 M zwischen den Pfeilen stets wiederholen und mit der RandM nach dem linken Pfeil enden. In allen Rückreihen die Strickschrift entsprechend von links nach rechts lesen. Dabei die Streifenfolge beachten.

Einmal die 1. - 13. R arbeiten, dann die 2. - 13. R stets wiederholen. Die 1. R ist dabei eine Rückreihe.

Streifenfolge:
1 R Farbe A, * 2 R Farbe B, 2 R Farbe A, ab * stets wiederholen.

Die hier abgebildeten Farbvarianten wurden wie folgt gestrickt:
Farbvariante A: 1 R Mint, * 2 R Dunkelgrün, 2 R Mint, ab * stets wiederholen.
Farbvariante B: 1 R Dunkelgrün, * 2 R Mint, 2 R Dunkelgrün, ab * stets wiederholen.

Vertauscht man die Farben, ändert sich der Mustereffekt ganz erstaunlich.

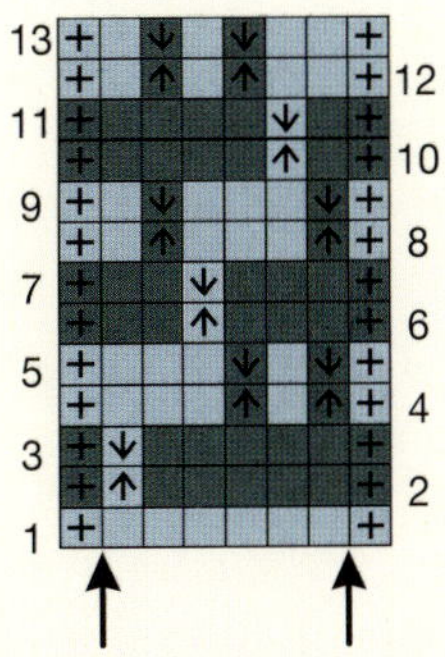

Zeichenerklärung:

- ⊞ = Randmasche
- □ = 1 Masche rechts
- ↑ = 1 Masche abheben (Faden hinten)
- ↓ = 1 Masche abheben (Faden vorne)

Scala gespiegelt

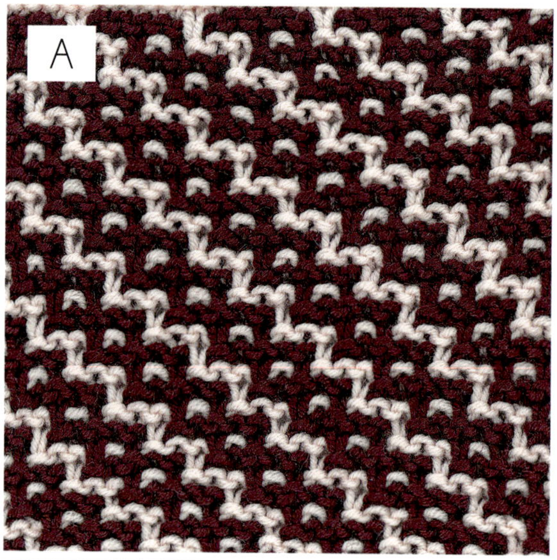

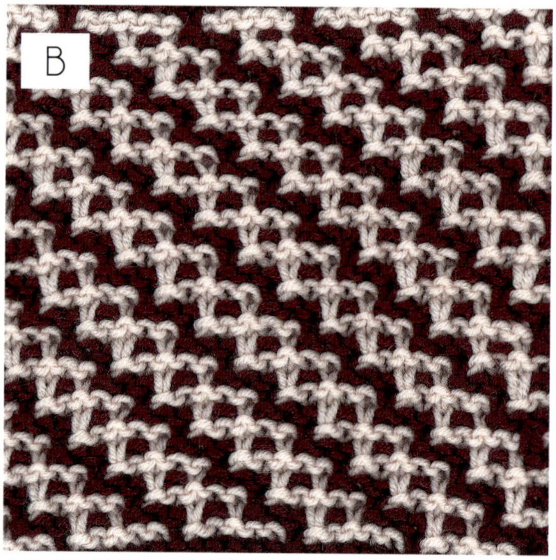

Schwierigkeitsgrad einfach
Kategorie kraus gestrickte Hebemaschenmuster

Maschenzahl teilbar durch 6 + 2 Randmaschen.

STRICKEN NACH MUSTERBESCHREIBUNG

1. Reihe (Rückreihe, Farbe A): RandM, alle M rechts stricken, RandM.
2. Reihe (Hinreihe, Farbe B): RandM, * 1 M abheben (Faden hinten), 5 M rechts, ab * stets wiederholen, RandM.
3. Reihe (Rückreihe, Farbe B): RandM, * 5 M rechts, 1 M abheben (Faden vorne), ab * stets wiederholen, RandM.
4. Reihe (A): RandM, * 3 M rechts, 1 M abheben (Faden hinten), 1 M rechts, 1 M abheben (Faden hinten), ab * stets wiederholen, RandM.
5. Reihe (A): RandM, * 1 M abheben (Faden vorne), 1 M rechts, 1 M (Faden vorne), 3 M rechts, ab * stets wiederholen, RandM.
6. Reihe (B): RandM, * 2 M rechts, 1 M abheben (Faden hinten), 3 M rechts, ab * stets wiederholen, RandM.
7. Reihe (B): RandM, * 3 M rechts, 1 M abheben (Faden vorne), 2 M rechts, ab * stets wiederholen, RandM.
8. Reihe (A): RandM, * 1 M rechts, 1 M abheben (Faden hinten), 3 M rechts, 1 M abheben (Faden hinten), ab * stets wiederholen, RandM.
9. Reihe (A): RandM, * 1 M abheben (Faden vorne), 3 M rechts, 1 M abheben (Faden vorne), 1 M rechts, ab * stets wiederholen, RandM.
10. Reihe (B): RandM, * 4 M rechts, 1 M abheben (Faden hinten), 1 M rechts, ab * stets wiederholen, RandM.
11. Reihe (B): RandM, * 1 M rechts, 1 M abheben (Faden vorne), 4 M rechts, ab * stets wiederholen, RandM.
12. Reihe (A): RandM, * 1 M rechts, 1 M abheben (Faden hinten), 1 M rechts, 1 M abheben (Faden hinten), 2 M rechts, ab * stets wiederholen, RandM.
13. Reihe (A): RandM, * 2 M rechts, 1 M abheben (Faden vorne), 1 M rechts, 1 M abheben (Faden vorne), 1 M rechts, ab * stets wiederholen, RandM.

Einmal die 1. - 13. R arbeiten, dann die 2. - 13. R stets wiederholen.

STRICKEN NACH STRICKSCHRIFT

In der Strickschrift sind alle Hin- und Rückreihen des Höhenrapportes notiert. Die Maschen sind so bezeichnet, wie sie gestrickt werden. In Hin- und Rückreihen rechts notierte Maschen ergeben also ein kraus rechts gestricktes Maschenbild.

In den HinR mit der M vor dem rechten Pfeil beginnen, den Rapport von 6 M zwischen den Pfeilen stets wiederholen und mit der RandM nach dem linken Pfeil enden. In allen Rückreihen die Strickschrift entsprechend von links nach rechts lesen. Dabei die Streifenfolge beachten.

Einmal die 1. - 13. R arbeiten, dann die 2. - 13. R stets wiederholen. Die 1. R ist dabei eine Rückreihe.

Streifenfolge:
1 R Farbe A, * 2 R Farbe B, 2 R Farbe A, ab * stets wiederholen.

Die hier abgebildeten Farbvarianten wurden wie folgt gestrickt:
Farbvariante A: 1 R Rosa, * 2 R Rot, 2 R Rosa, ab * stets wiederholen.
Farbvariante B: 1 R Rot, * 2 R Rosa, 2 R Rot, ab * stets wiederholen.

Vertauscht man die Farben, ändert sich der Mustereffekt ganz erstaunlich.

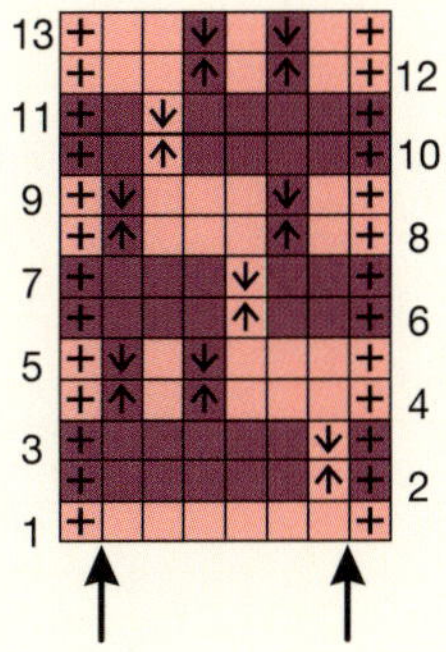

Zeichenerklärung:

[+] = Randmasche
[ ] = 1 Masche rechts
[↑] = 1 Masche abheben (Faden hinten)
[↓] = 1 Masche abheben (Faden vorne)

Tröpchenmuster

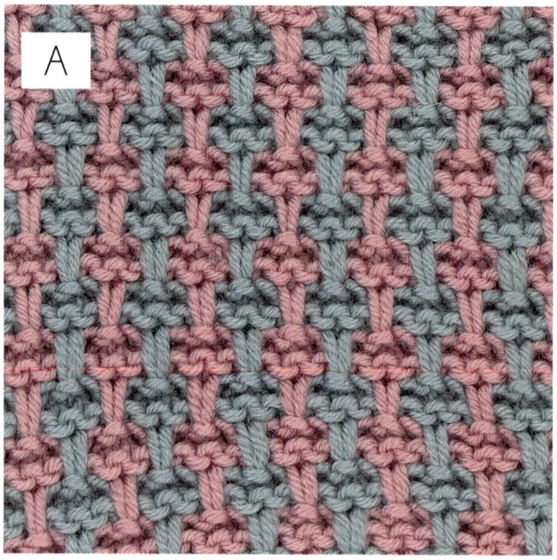

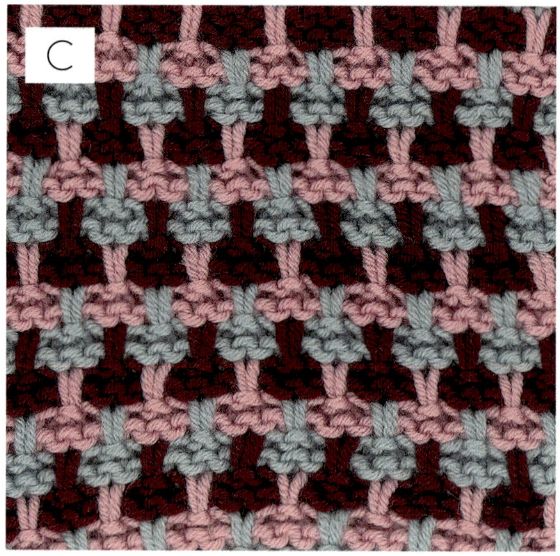

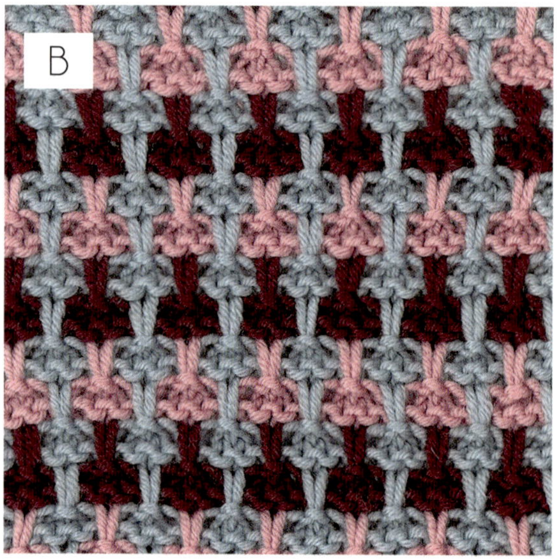

Schwierigkeitsgrad einfach
Kategorie kraus gestrickte Hebemaschenmuster

Maschenzahl teilbar durch 4 + 3 + 2 Randmaschen.

STRICKEN NACH MUSTERBESCHREIBUNG

1. Reihe (Rückreihe, Farbe A): RandM, alle M rechts stricken, RandM.
2. Reihe (Hinreihe, Farbe B): RandM, 1 M rechts, * 1 M abheben (Faden hinten), 3 M rechts, ab * stets wiederholen, 1 M abheben (Faden hinten), 1 M rechts, RandM.
3. Reihe (Rückreihe, Farbe B): RandM, 1 M rechts, 1 M abheben (Faden vorne), * 3 M rechts, 1 M abheben (Faden vorne), ab * stets wiederholen, 1 M rechts, RandM.
4. und 5. Reihe (B): Wie die 2. und 3. R arbeiten
6. Reihe (A): RandM, 1 M rechts, * 2 M rechts, 1 M abheben (Faden hinten), 1 M rechts, ab * stets wiederholen, 2 M rechts, RandM.
7. Reihe (A): RandM, 2 M rechts, * 1 M rechts, 1 M abheben (Faden vorne), 2 M rechts, ab * stets wiederholen, 1 M rechts, RandM.
8. und 9. Reihe (A): Wie die 6. und 7. R arbeiten

Einmal die 1. – 9. Reihe arbeiten, dann die 2. – 9. Reihe stets wiederholen.

STRICKEN NACH STRICKSCHRIFT

In der Strickschrift sind alle Hin- und Rückreihen des Höhenrapportes notiert. Die Maschen sind so bezeichnet, wie sie gestrickt werden. In Hin- und Rückreihen rechts notierte Maschen ergeben also ein kraus rechts gestricktes Maschenbild.

In den HinR mit der RandM und der M vor dem rechten Pfeil beginnen, den Rapport von 4 M zwischen den Pfeilen stets wiederholen und mit den 2 M und der RandM nach dem linken Pfeil enden. In allen Rückreihen die Strickschrift entsprechend von links nach rechts lesen. Dabei die Streifenfolge beachten. Einmal die 1. - 9. R arbeiten, dann die 2. - 9. R stets wiederholen. Die 1. R ist dabei eine Rückreihe.

Streifenfolge:
1 R Farbe A, * 4 R Farbe B, 4 R Farbe A, ab * stets wiederholen.

Die hier abgebildeten Farbvarianten wurden wie folgt gestrickt:
Farbvariante A: 1 R Mint, * 4 R Rosa, 4 R Mint, ab * stets wiederholen.
Farbvariante B: 1 R Mint, * 4 R Rosa, 1 R Mint, 4 R Rot, 4 R Mint, ab * stets wiederholen.
Farbvariante C: 1 R Mint, * 4 R Rosa, 4 R Rot, 4 R Mint, ab * stets wiederholen.

Vertauscht man die Farben oder kombiniert man eine weitere Farbe hinzu, ändert sich der Mustereffekt ganz erstaunlich.

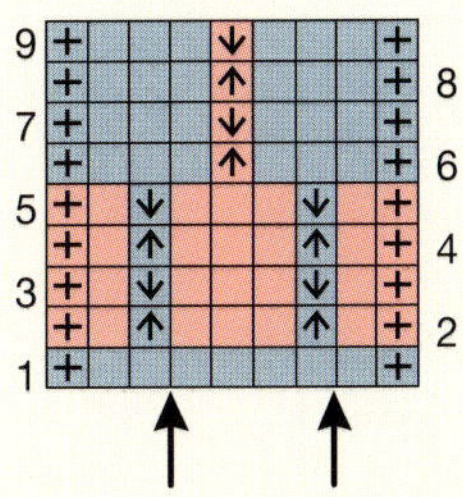

Zeichenerklärung:

- + = Randmasche
- ☐ = 1 Masche rechts
- ↑ = 1 Masche abheben (Faden hinten)
- ↓ = 1 Masche abheben (Faden vorne)

Raupenmuster

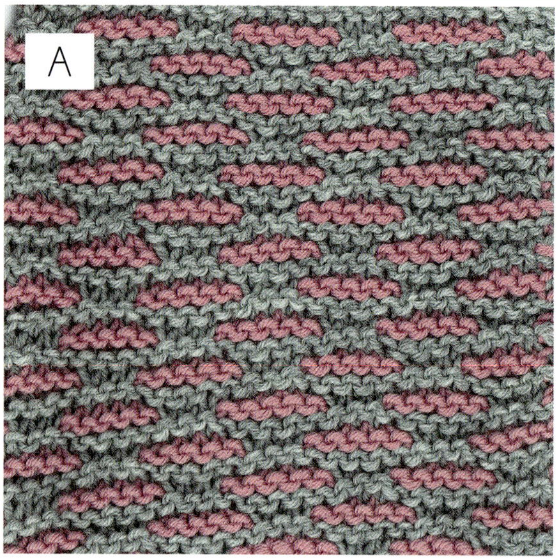

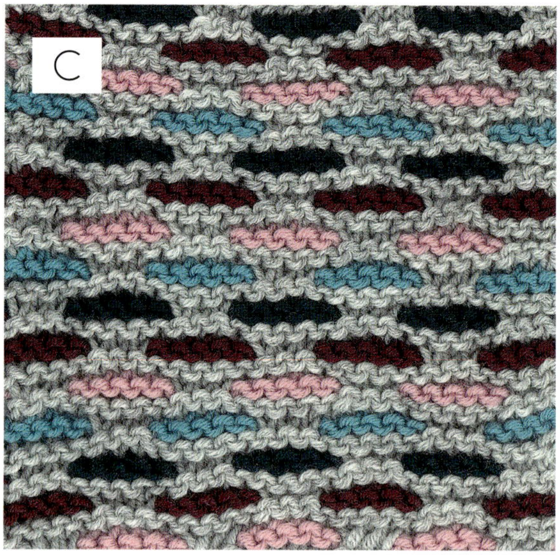

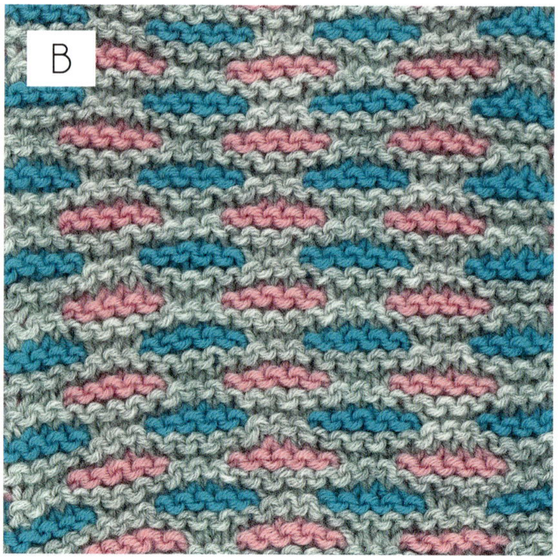

Schwierigkeitsgrad einfach
Kategorie kraus rechts gestrickte Hebemaschenmuster

Maschenzahl teilbar durch 8 + 7 + 2 Randmaschen.

STRICKEN NACH MUSTERBESCHREIBUNG

1. Reihe (Rückreihe, Farbe A): RandM, alle M rechts stricken, RandM.
2. Reihe (Hinreihe, Farbe B): RandM, 2 M rechts, * 3 M abheben (Faden hinten), 5 M rechts, ab * stets wiederholen, 3 M abheben (Faden hinten), 2 M rechts, RandM.
3. Reihe (Rückreihe, Farbe B): RandM, 2 M rechts, * 3 M abheben (Faden vone), 5 M rechts, ab * stets wiederholen, 3 M abheben (Faden vorne), 2 M rechts, RandM.
4. Reihe (A): RandM, alle M rechts stricken, RandM.
5. Reihe (A): RandM, alle M rechts stricken, RandM.
6. Reihe (B): RandM, 2 M rechts, * 4 M rechts, 3 M abheben (Faden hinten), 1 M rechts, ab * stets wiederholen, 5 M rechts, RandM.
7. Reihe (B): RandM, 2 M rechts, * 4 M rechts, 3 M abheben (Faden vorne), 1 M rechts, ab * stets wiederholen, 5 M rechts, RandM.
8. und 9. Reihe (A): RandM, alle M rechts stricken, RandM.

Einmal die 1. – 9. Reihe arbeiten, dann die 2. – 9. Reihe stets wiederholen.

STRICKEN NACH STRICKSCHRIFT

In der Strickschrift sind alle Hin- und Rückreihen des Höhenrapportes notiert. Die Maschen sind so bezeichnet, wie sie gestrickt werden. In Hin- und Rückreihen rechts gestrickte Maschen ergeben also ein kraus rechts gestricktes Maschenbild.

In den HinR mit der RandM und den 2 M vor dem rechten Pfeil beginnen, den Rapport von 8 M zwischen den Pfeilen stets wiederholen und mit den 5 M und der RandM nach dem linken Pfeil enden.
In allen Rückreihen die Strickschrift entsprechend von links nach rechts lesen. Dabei die Streifenfolge beachten. Einmal die 1. - 9. R arbeiten, dann die 2. - 9. R stets wiederholen. Die 1. R ist dabei eine Rückreihe.

Streifenfolge 1 (zweifarbig):
1 R Farbe A, * 2 R Farbe B, 2 R Farbe A, ab * stets wiederholen.

Streifenfolge 2 (dreifarbig):
1 R Farbe A, * 2 R Farbe B, 2 R Farbe A, 2 R Farbe C, 2 R Farbe A, ab * stets wiederholen.

Streifenfolge 3 (fünffarbig):
1 R Farbe A, * 2 R Farbe B, 2 R Farbe A, 2 R Farbe C, 2 R Farbe A, 2 R Farbe D, 2 R Farbe A, 2 R Farbe E, 2 R Farbe A, ab * stets wiederholen.

Die hier abgebildeten Farbvarianten wurden wie folgt gestrickt:
Farbvariante A: 1 R Hellgrau, * 2 R Rosa, 2 R Hellgrau, ab * stets wiederholen.
Farbvariante B: 1 R Hellgrau, * 2 R Rosa, 2 R Hellgrau, 2 R Petrol, 2 R Hellgrau, ab * stets wiederholen.
Farbvariante C: 1 R Hellgrau, * 2 R Rosa, 2 R Hellgrau, 2 R Rot, 2 R Hellgrau, 2 R Dunkelgrün, 2 R Hellgrau, 2 R Petrol, 2 R Hellgrau, ab * stets wiederholen.

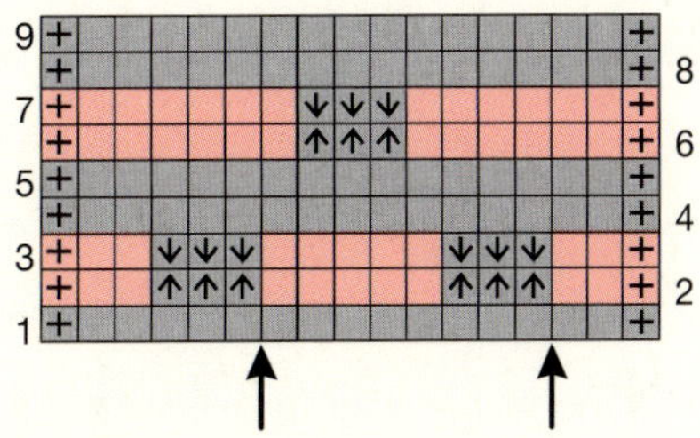

Zeichenerklärung:

- + = Randmasche
- □ = 1 Masche rechts
- – = 1 Masche links
- ↑ = 1 Masche abheben (Faden hinten)
- ↓ = 1 Masche abheben (Faden vorne)

Leitermuster nach rechts

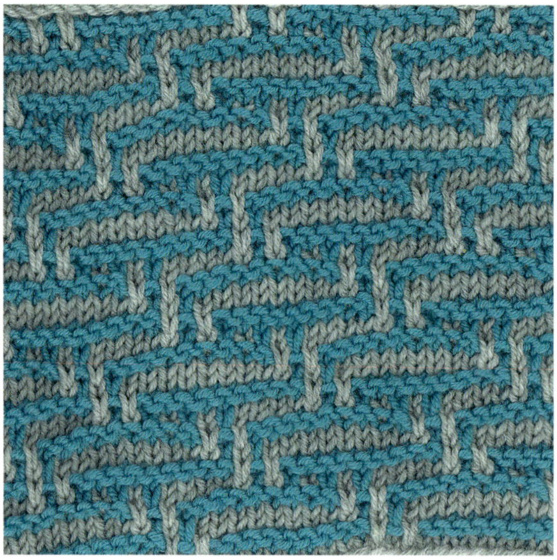

Schwierigkeitsgrad einfach
Kategorie glatt und kraus gestrickte Hebemaschenmuster

Maschenzahl teilbar durch 12 + 9 + 2 Randmaschen.

STRICKEN NACH MUSTERBESCHREIBUNG

1. Reihe (Rückreihe, Farbe A): RandM, alle M links stricken, RandM.

2. Reihe (Hinreihe, Farbe B): RandM, * 9 M rechts, 1 M abheben (Faden hinten), 1 M rechts, 1 M abheben (Faden hinten), ab * stets wiederholen, 9 M rechts, RandM.

3. Reihe (Rückreihe, Farbe B): RandM, 9 M rechts, * 1 M abheben (Faden vorne), 1 M rechts, 1 M abheben (Faden vorne), 9 M rechts, ab * stets wiederholen, RandM.

4. Reihe (A): RandM, * 1 M abheben (Faden hinten), 9 M rechts, 1 M abheben (Faden hinten), 1 M rechts, ab * stets wiederholen, 1 M abheben (Faden hinten), 8 M rechts, RandM.

5. Reihe (A): RandM, 8 M links, 1 M abheben (Faden vorne), * 1 M links, 1 M abheben (Faden vorne), 9 M links, 1 M abheben (Faden vorne), ab * stets wiederholen, RandM.

6. Reihe (B): RandM, * 1 M rechts, 1 M abheben (Faden hinten), 9 M rechts, 1 M abheben (Faden hinten), ab * stets wiederholen, 1 M rechts, 1 M abheben (Faden hinten), 7 M rechts, RandM.

7. Reihe (B): RandM, 7 M rechts, 1 M abheben (Faden vorne), 1 M rechts, * 1 M abheben (Faden vorne), 9 M rechts, 1 M abheben (Faden vorne), 1 M rechts, ab * stets wiederholen, RandM.

8. Reihe (A): RandM, * [1 M abheben (Faden hinten), 1 M rechts] 3x, 1 M abheben (Faden hinten), 5 M rechts, ab * stets wiederholen, [1 M abheben (Faden hinten), 1 M rechts] 3x, 1 M abheben (Faden hinten), 2 M rechts, RandM.

9. Reihe (A): RandM, 2 M links, [1 M abheben (Faden vorne), 1 M links] 3x, 1 M abheben (Faden vorne), * 5 M links, [1 M abheben (Faden vorne), 1 M links] 3x, 1 M abheben (Faden vorne), ab * stets wiederholen, RandM.

10. Reihe (B): RandM, * 5 M rechts, 1 M abheben (Faden hinten), 1 M rechts, 1 M abheben (Faden hinten), 4 M rechts, ab * stets wiederholen, 5 M rechts, [1 M abheben (Faden hinten), 1 M rechts] 2x, RandM.

11. Reihe (B): RandM, [1 M rechts, 1 M abheben (Faden vorne)] 2x, 5 M rechts, * 4 M rechts, 1 M abheben (Faden vorne), 1 M rechts, 1 M abheben (Faden vorne), 5 M rechts, ab * stets wiederholen, RandM.

12. Reihe (A): RandM, * 6 M rechts, 1 M abheben (Faden hinten), 1 M rechts, 1 M abheben (Faden hinten), 3 M rechts, ab * stets wiederholen, 6 M rechts, 1 M abheben (Faden hinten), 1 M rechts, 1 M abheben (Faden hinten), RandM.

13. Reihe (A): RandM, 1 M abheben (Faden vorne), 1 M links, 1 M abheben (Faden vorne), 6 M links, * 3 M links, 1 M abheben (Faden vorne), 1 M links, 1 M abheben (Faden vorne), 6 M links, ab * stets wiederholen, RandM.

14. Reihe (B): RandM, * 7 M rechts, 1 M abheben (Faden hinten), 1 M rechts, 1 M abheben (Faden hinten), 2 M rechts, ab * stets wiederholen, 7 M rechts, 1 M abheben (Faden hinten), 1 M rechts, RandM.

15. Reihe (B): RandM, 1 M rechts, 1 M abheben (Faden vorne), 7 M rechts, * 2 M rechts, 1 M abheben (Faden vorne), 1 M rechts, 1 M abheben (Faden vorne), 7 M rechts, ab * stets wiederholen, RandM.

16. Reihe (A): RandM, * 1 M abheben (Faden hinten), 1 M rechts, 1 M abheben (Faden hinten), 5 M rechts, [1 M abheben (Faden hinten), 1 M rechts] 2x, ab * stets wiederholen, 1 M abheben (Faden hinten), 1 M rechts, 1 M abheben (Faden hinten), 5 M rechts, 1 M abheben (Faden hinten), RandM.

17. Reihe (A): RandM, 1 M abheben (Faden vorne), 5 M links, 1 M abheben (Faden vorne), 1 M links, 1 M abheben (Faden vorne), * [1 M links, 1 M abheben (Faden vorne)] 2x, 5 M links, 1 M abheben (Faden vorne), 1 M links, 1 M abheben (Faden vorne), ab * stets wiederholen, RandM.
18. Reihe (B): RandM, * [1 M rechts, 1 M abheben (Faden hinten)] 2x, 8 M rechts, ab * stets wiederholen, [1 M rechts, 1 M abheben (Faden hinten)] 2x, 5 M rechts, RandM.
19. Reihe (B): RandM, 5 M rechts, [1 M abheben (Faden vorne), 1 M rechts] 2x, * 8 M rechts, [1 M abheben (Faden vorne), 1 M rechts] 2x, ab * stets wiederholen, RandM.
20. Reihe (A): RandM, * 2 M rechts, 1 M abheben (Faden hinten), 1 M rechts, 1 M abheben (Faden hinten), 7 M rechts, ab * stets wiederholen, 2 M rechts, 1 M abheben (Faden hinten), 1 M rechts, 1 M abheben (Faden hinten), 4 M rechts, RandM.
21. Reihe (A): RandM, 4 M links, 1 M abheben (Faden vorne), 1 M links, 1 M abheben (Faden vorne), 2 M links, * 7 M links, 1 M abheben (Faden vorne), 1 M links, 1 M abheben (Faden vorne), 2 M links, ab * stets wiederholen, RandM.
22. Reihe (B): RandM, * 3 M rechts, 1 M abheben (Faden hinten), 1 M rechts, 1 M abheben (Faden hinten), 6 M rechts, ab * stets wiederholen, 3 M rechts, 1 M abheben (Faden hinten), 1 M rechts, 1 M abheben (Faden hinten), 3 M rechts, RandM.
23. Reihe (B): RandM, 3 M rechts, 1 M abheben (Faden vorne), 1 M rechts, 1 M abheben (Faden vorne), 3 M rechts, * 6 M rechts, 1 M abheben (Faden vorne), 1 M rechts, 1 M abheben (Faden vorne), 3 M rechts, ab * stets wiederholen, RandM.
24. Reihe (A): RandM, * 4 M rechts, [1 M abheben (Faden hinten), 1 M rechts] 4x, ab * stets wiederholen, 4 M rechts, [1 M abheben (Faden hinten), 1 M rechts] 2x, 1 M abheben (Faden hinten), RandM.
25. Reihe (A): RandM, [1 M abheben (Faden vorne), 1 M links] 2x, 1 M abheben (Faden vorne), 4 M links, * [1 M links, 1 M abheben (Faden vorne)] 4x, 4 M links, ab * stets wiederholen, RandM.

Einmal die 1. - 25. Reihe arbeiten, dann die 2. - 25 Reihe stets wiederholen

STRICKEN NACH STRICKSCHRIFT

In der Strickschrift sind alle Hin- und Rückreihen des Höhenrapportes notiert. Die Maschen sind so bezeichnet, wie sie gestrickt werden. In Hin- und Rückreihen rechts notierte Maschen ergeben also ein kraus rechts gestricktes Maschenbild, in Hinreihen rechts und Rückreihen links notierte Maschen ein glatt rechts gestricktes Maschenbild.

In den HinR mit der RandM vor dem rechten Pfeil beginnen, den Rapport von 12 M zwischen den Pfeilen stets wiederholen und mit den 9 M und der RandM nach dem linken Pfeil enden. In allen Rückreihen die Strickschrift entsprechend von links nach rechts lesen. Dabei die Streifenfolge beachten. Einmal die 1. - 25. R arbeiten, dann die 2. - 25. R stets wiederholen. Die 1. R ist dabei eine Rückreihe.

Streifenfolge:

1 R Farbe A, * 2 R Farbe B, 2 R Farbe A, ab * stets wiederholen.

Die hier abgebildete Farbvariante wurde wie folgt gestrickt:
1 R Mint, * 2 R Petrol, 2 R Mint, ab * stets wiederholen.

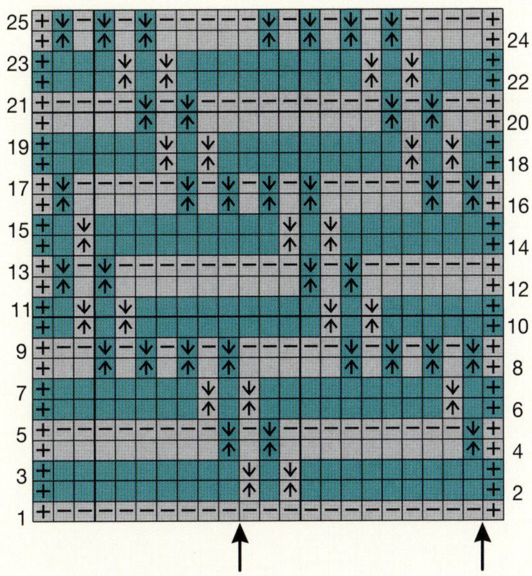

Zeichenerklärung:

+ = Randmasche
□ = 1 Masche rechts
– = 1 Masche links
↑ = 1 Masche abheben (Faden hinten)
↓ = 1 Masche abheben (Faden vorne)

Leitermuster nach links

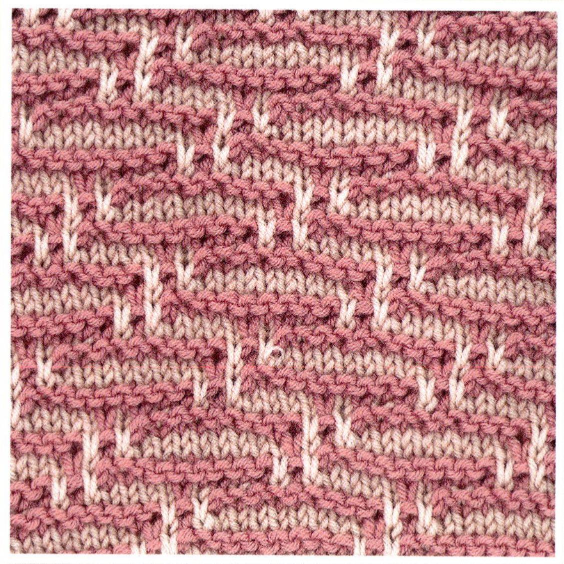

Schwierigkeitsgrad einfach
Kategorie glatt und kraus gestrickte Hebemaschenmuster

Maschenzahl teilbar durch 12 + 9 + 2 Randmaschen.

STRICKEN NACH MUSTERBESCHREIBUNG

1. Reihe (Rückreihe, Farbe A): RandM, alle M links stricken, RandM.
2. Reihe (Hinreihe, Farbe B): RandM, * 9 M rechts, 1 M abheben (Faden hinten), 1 M rechts, 1 M abheben (Faden hinten), ab * stets wiederholen, 9 M rechts, RandM.
3. Reihe (Rückreihe, Farbe B): RandM, 9 M rechts, * 1 M abheben (Faden vorne), 1 M rechts, 1 M abheben (Faden vorne), 9 M rechts, ab * stets wiederholen, RandM.
4. Reihe (A): RandM, * 8 M rechts, 1 M abheben (Faden hinten), 1 M rechts, 1 M abheben (Faden hinten), 1 M rechts, ab * stets wiederholen, 8 M rechts, 1 M abheben (Faden hinten), RandM.
5. Reihe (A): RandM, 1 M abheben (Faden vorne), 8 M links, * 1 M links, 1 M abheben (Faden vorne), 1 M links, 1 M abheben (Faden vorne), 8 M links, ab * stets wiederholen, RandM.
6. Reihe (B): RandM, * 7 M rechts, 1 M abheben (Faden hinten), 1 M rechts, 1 M abheben (Faden hinten), 2 M rechts, ab * stets wiederholen, 7 M rechts, 1 M abheben (Faden hinten), 1 M rechts, RandM.
7. Reihe (B): RandM, 1 M rechts, 1 M abheben (Faden vorne), 7 M rechts, * 2 M rechts, 1 M abheben (Faden vorne), 1 M rechts, 1 M abheben (Faden vorne), 7 M rechts, ab * stets wiederholen, RandM.
8. Reihe (A): RandM, * 2 M rechts, [1 M abheben (Faden hinten), 1 M rechts] 3x, 1 M abheben (Faden hinten), 3 M rechts, ab * stets wiederholen, 2 M rechts, [1 M abheben (Faden hinten), 1 M rechts] 3x, 1 M abheben (Faden hinten), RandM.
9. Reihe (A): RandM, [1 M abheben (Faden vorne), 1 M links] 3x, 1 M abheben (Faden vorne), 2 M links, * 3 M links, [1 M abheben (Faden vorne), 1 M links] 3x, 1 M abheben (Faden vorne), 2 M links, ab * stets wiederholen, RandM.
10. Reihe (B): RandM, * [1 M rechts, 1 M abheben (Faden hinten)] 2x, 8 M rechts, ab * stets wiederholen, [1 M rechts, 1 M abheben (Faden hinten)] 2x, 5 M rechts, RandM.
11. Reihe (B): RandM, 5 M rechts, [1 M abheben (Faden vorne), 1 M rechts] 2x, * 8 M rechts, [1 M abheben (Faden vorne), 1 M rechts] 2x, ab * stets wiederholen, RandM.
12. Reihe (A): RandM, * 1 M abheben (Faden hinten), 1 M rechts, 1 M abheben (Faden hinten), 9 M rechts, ab * stets wiederholen, 1 M abheben (Faden hinten), 1 M rechts, 1 M abheben (Faden hinten), 6 M rechts, RandM.
13. Reihe (A): RandM, 6 M links, 1 M abheben (Faden vorne), 1 M links, 1 M abheben (Faden vorne), * 9 M links, 1 M abheben (Faden vorne), 1 M links, 1 M abheben (Faden vorne), ab * stets wiederholen, RandM.
14. Reihe (B): RandM, * 1 M rechts, 1 M abheben (Faden hinten), 9 M rechts, 1 M abheben (Faden hinten), ab * stets wiederholen, 1 M rechts, 1 M abheben (Faden hinten), 7 M rechts, RandM.
15. Reihe (B): RandM, 7 M rechts, 1 M abheben (Faden vorne), 1 M rechts, * 1 M abheben (Faden vorne), 9 M rechts, 1 M abheben (Faden vorne), 1 M rechts, ab * stets wiederholen, RandM.
16. Reihe (A): RandM, * 1 M abheben (Faden hinten), 5 M rechts, [1 M abheben (Faden hinten), 1 M rechts] 3x, ab * stets wiederholen, 1 M abheben (Faden hinten), 5 M rechts, 1 M abheben (Faden hinten), 1 M rechts, 1 M abheben (Faden hinten), RandM.
17. Reihe (A): RandM, 1 M abheben (Faden vorne), 1 M links, 1 M abheben (Faden vorne), 5 M links, 1 M abheben (Faden vorne), * [1 M links, 1 M abheben (Faden vorne)] 3x, 5 M links,

1 M abheben (Faden vorne), ab * stets wiederholen, RandM.
18. Reihe (B): RandM, * 5 M rechts, 1 M abheben (Faden hinten), 1 M rechts, 1 M abheben (Faden hinten), 4 M rechts, ab * stets wiederholen, 5 M rechts, [1 M abheben (Faden hinten), 1 M rechts] 2x, RandM.
19. Reihe (B): RandM, [1 M rechts, 1 M abheben (Faden vorne)] 2x, 5 M rechts, * 4 M rechts, 1 M abheben (Faden vorne), 1 M rechts, 1 M abheben (Faden vorne), 5 M rechts, ab * stets wiederholen, RandM.
20. Reihe (A): RandM, * 4 M rechts, 1 M abheben (Faden hinten), 1 M rechts, 1 M abheben (Faden hinten), 5 M rechts, ab * stets wiederholen, 4 M rechts, 1 M abheben (Faden hinten), 1 M rechts, 1 M abheben (Faden hinten), 2 M rechts, RandM.
21. Reihe (A): RandM, 2 M links, 1 M abheben (Faden vorne), 1 M links, 1 M abheben (Faden vorne), 4 M links, * 5 M links, 1 M abheben (Faden vorne), 1 M links, 1 M abheben (Faden vorne), 4 M links, ab * stets wiederholen, RandM.
22. Reihe (B): RandM, * 3 M rechts, 1 M abheben (Faden hinten), 1 M rechts, 1 M abheben (Faden hinten), 6 M rechts, ab * stets wiederholen, 3 M rechts, 1 M abheben (Faden hinten), 1 M rechts, 1 M abheben (Faden hinten), 3 M rechts, RandM.
23. Reihe (B): RandM, 3 M rechts, 1 M abheben (Faden vorne), 1 M rechts, 1 M abheben (Faden vorne), 3 M rechts, * 6 M rechts, 1 M abheben (Faden vorne), 1 M rechts, 1 M abheben (Faden vorne), 3 M rechts, ab * stets wiederholen, RandM.
24. Reihe (A): RandM, * [1 M abheben (Faden hinten), 1 M rechts] 2x, 1 M abheben (Faden hinten), 5 M rechts, 1 M abheben (Faden hinten), 1 M rechts, ab * stets wiederholen, [1 M abheben (Faden hinten), 1 M rechts] 2x, 1 M abheben (Faden hinten), 4 M rechts, RandM.
25. Reihe (A): RandM, 4 M links, [1 M abheben (Faden vorne), 1 M links] 2x, 1 M abheben (Faden vorne), * 1 M links, 1 M abheben (Faden vorne), 5 M links, [1 M abheben (Faden vorne), 1 M links] 2x, 1 M abheben (Faden vorne), ab * stets wiederholen, RandM.

Einmal die 1. - 25. Reihe arbeiten, dann die 2. - 25 Reihe stets wiederholen

STRICKEN NACH STRICKSCHRIFT

In der Strickschrift sind alle Hin- und Rückreihen des Höhenrapportes notiert. Die Maschen sind so bezeichnet, wie sie gestrickt werden.

In Hin- und Rückreihen rechts notierte Maschen ergeben also ein kraus rechts gestricktes Maschenbild, in Hinreihen rechts und Rückreihen links notierte Maschen ein glatt rechts gestricktes Maschenbild.

In den HinR mit der RandM vor dem rechten Pfeil beginnen, den Rapport von 12 M zwischen den Pfeilen stets wiederholen und mit den 9 M und der RandM nach dem linken Pfeil enden. In allen Rückreihen die Strickschrift entsprechend von links nach rechts lesen. Dabei die Streifenfolge beachten.
Einmal die 1. - 25. R arbeiten, dann die 2. - 25. R stets wiederholen. Die 1. R ist dabei eine Rückreihe.

Streifenfolge: 1 R Farbe A, * 2 R Farbe B, 2 R Farbe A, ab * stets wiederholen.

Die hier abgebildete Farbvariante wurde wie folgt gestrickt:
1 R Puder, * 2 R Rosa, 2 R Puder, ab * stets wiederholen.

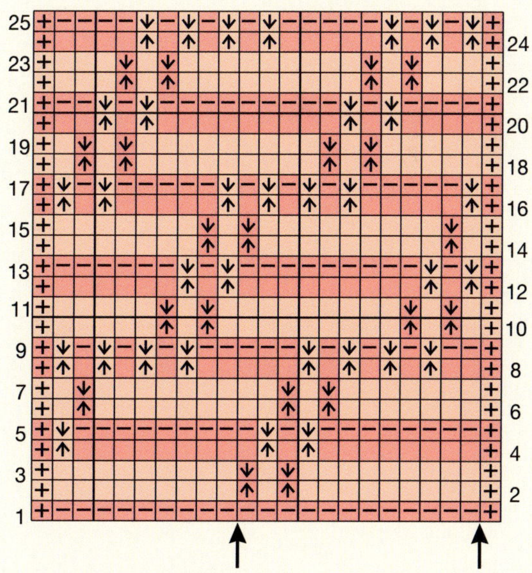

Zeichenerklärung:

[+] = Randmasche
[ ] = 1 Masche rechts
[–] = 1 Masche links
[↑] = 1 Masche abheben (Faden hinten)
[↓] = 1 Masche abheben (Faden vorne)

Schachbrettmuster

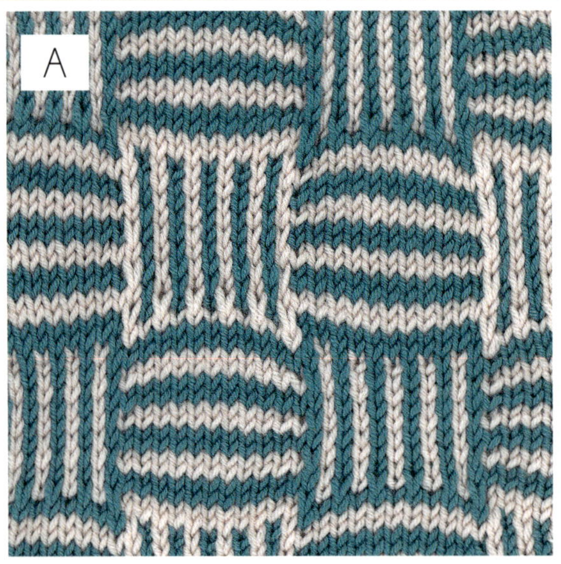

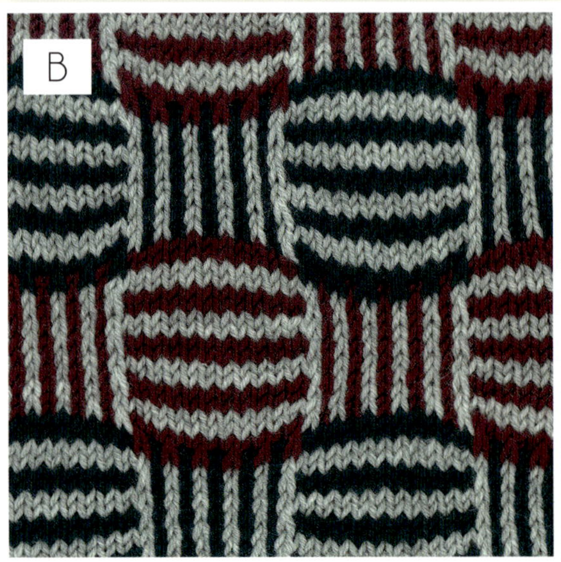

Schwierigkeitsgrad einfach
Kategorie glatt rechts gestrickte Hebemaschenmuster

Maschenzahl teilbar durch 22 + 2 Randmaschen.

STRICKEN NACH MUSTERBESCHREIBUNG

1. Reihe (Rückreihe, Farbe A): RandM, alle M links stricken, RandM.
2. Reihe (Hinreihe, Farbe B): RandM, * [1 M abheben (Faden hinten), 1 M rechts] 5x, 1 M abheben (Faden hinten), 11 M rechts, ab * stets wiederholen, RandM.
3. Reihe (Rückreihe, Farbe B): RandM, * 11 M links, [1 M abheben (Faden vorne), 1 M links] 5x, 1 M abheben (Faden vorne), ab * stets wiederholen, RandM.
4. Reihe (A): RandM, * [1 M rechts, 1 M abheben (Faden hinten)] 5x, 12 M rechts, ab * stets wiederholen, RandM.
5. Reihe (A): RandM, * 12 M links, [1 M abheben (Faden vorne), 1 M links] 5x, ab * stets wiederholen, RandM.
6. – 17. Reihe: Wie die 2. – 5. Reihe arbeiten.
18. Reihe (B): RandM, * [1 M abheben (Faden hinten), 1 M rechts] 5x, 1 M abheben (Faden hinten), 11 M rechts, ab * stets wiederholen, RandM.
19. Reihe (B): RandM, * 11 M links, [1 M abheben (Faden vorne), 1 M links] 5x, 1 M abheben (Faden vorne), ab * stets wiederholen, RandM.
20. Reihe (A): RandM, * 11 M rechts, [1 M abheben (Faden hinten), 1 M rechts] 5x, ab * stets wiederholen, 1 M abheben (Faden hinten), RandM.
21. Reihe (A): RandM, * [1 M abheben (Faden vorne), 1 M links] 5x, 1 M abheben (Faden vorne), 11 M links, ab * stets wiederholen, RandM.
22. Reihe (B): RandM, * 12 M rechts, [1 M abheben (Faden hinten), 1 M rechts] 5x, ab * stets wiederholen, RandM.
23. Reihe (B): RandM, * [1 M links, 1 M abheben (Faden vorne)] 5x, 12 M links, ab * stets wiederholen, RandM.
24. – 35. Reihe: Wie die 20. – 23. Reihe arbeiten.
36. Reihe (A): RandM, * 11 M rechts, [1 M abheben (Faden hinten), 1 M rechts] 5x, ab * stets wiederholen, 1 M abheben (Faden hinten), RandM.
37. Reihe (A): RandM, * [1 M abheben (Faden vorne), 1 M links] 5x, 1 M abheben (Faden vorne), 11 M links, ab * stets wiederholen, RandM.

Einmal die 1. – 37. Reihe arbeiten, dann die 2. – 37. Reihe stets wiederholen.

STRICKEN NACH STRICKSCHRIFT

In der Strickschrift sind alle Hin- und Rückreihen des Höhenrapportes notiert. Die Maschen sind so bezeichnet, wie sie gestrickt werden. In Hinreihen rechts und Rückreihen links notierte Maschen ergeben also ein glatt rechts gestricktes Maschenbild.

In den HinR mit der RandM vor dem rechten Pfeil beginnen, den Rapport von 22 M zwischen den Pfeilen stets wiederholen und mit der RandM nach dem linken Pfeil enden. In allen Rückreihen die Strickschrift entsprechend von links nach rechts lesen. Dabei die Streifenfolge beachten. Einmal die 1. - 37. R arbeiten, dann die 2. - 37. R stets wiederholen. Die 1. R ist dabei eine Rückreihe.

Streifenfolge A (zweifarbig):

1 R Farbe A, * 2 R Farbe B, 2 R Farbe A, ab * stets wiederholen.

Streifenfolge B (dreifarbig):

1 R Farbe A, * [2 R Farbe B, 2 R Farbe A] 4x, 2 R Farbe B, [2 R Farbe C, 2 R Farbe A] 4x, 2 R Farbe C, ab * stets wiederholen.

Die hier abgebildeten Farbvarianten wurde wie folgt gestrickt:
Farbvariante A: 1 R Rosa, * 2 R Petrol, 2 R Rosa, ab * stets wiederholen.
Farbvariante B: 1 R Hellgrau, * [2 R Rot, 2 R Hellgrau] 4x, 2 R Rot, [2 R Dunkelgrün, 2 R Hellgrau] 4x, 2 R Dunkelgrün, ab * stets wiederholen.

Zeichenerklärung:

- + = Randmasche
- □ = 1 Masche rechts
- – = 1 Masche links
- ↑ = 1 Masche abheben (Faden hinten)
- ↓ = 1 Masche abheben (Faden vorne)

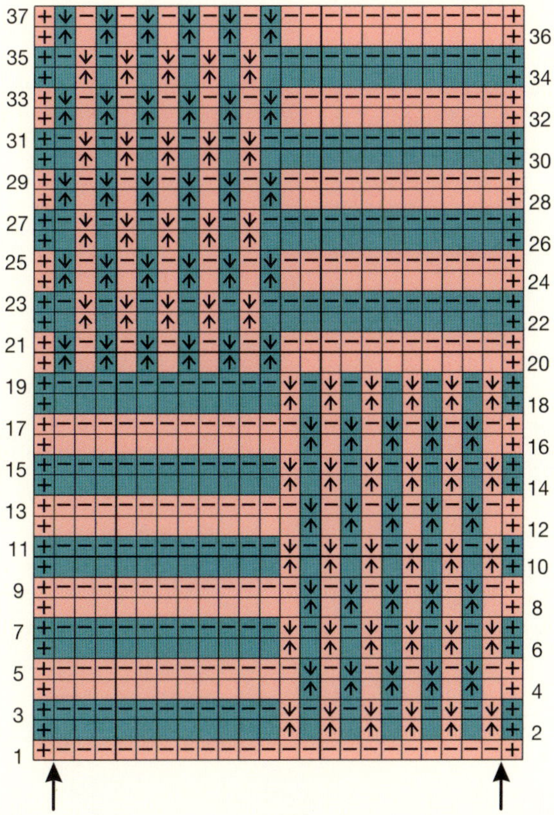

Kaleidoskop

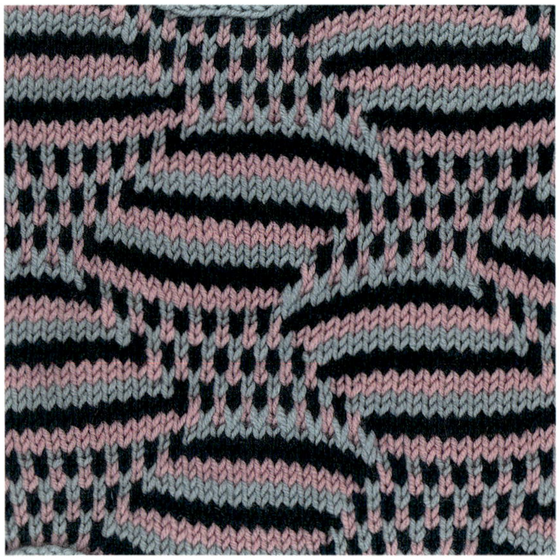

Schwierigkeitsgrad einfach
Kategorie mehrfarbige glatt rechts gestrickte Hebemaschenmuster

Maschenzahl teilbar durch 28 + 2 Randmaschen.

STRICKEN NACH MUSTERBESCHREIBUNG

1. Reihe (Rückreihe, Farbe A): RandM, alle M links stricken, RandM.
2. Reihe (Hinreihe, Farbe B): RandM, * 15 M rechts, [1 M abheben (Faden hinten), 1 M rechts] 6x, 1 M abheben (Faden hinten), ab * stets wiederholen, RandM.
3. Reihe (Rückreihe, Farbe B): RandM, * [1 M abheben (Faden vorne), 1 M links] 6x, 1 M abheben (Faden vorne), 15 M links, ab * stets wiederholen, RandM.
4. Reihe (Hinreihe, Farbe C): RandM, * 14 M rechts, [1 M abheben (Faden hinten), 1 M rechts] 7x, ab * stets wiederholen, RandM.
5. Reihe (Rückreihe, Farbe C): RandM, * [1 M links, 1 M abheben (Faden vorne)] 7x, 14 M links, ab * stets wiederholen, RandM.
6. Reihe (A): RandM, * 13 M rechts, [1 M abheben (Faden hinten), 1 M rechts] 6x, 1 M abheben (Faden hinten), 2 M rechts, ab * stets wiederholen, RandM.
7. Reihe (A): RandM, * 2 M links, [1 M abheben (Faden vorne), 1 M links] 6x, 1 M abheben (Faden vorne), 13 M links, ab * stets wiederholen, RandM.
8. Reihe (B): RandM, * 12 M rechts, [1 M abheben (Faden hinten), 1 M rechts] 6x, 1 M abheben (Faden hinten), 3 M rechts, ab * stets wiederholen, RandM.
9. Reihe (B): RandM, * 3 M links, [1 M abheben (Faden vorne), 1 M links] 6x, 1 M abheben (Faden vorne), 12 M links, ab * stets wiederholen, RandM.
10. Reihe (C): RandM, * 11 M rechts, [1 M abheben (Faden hinten), 1 M rechts] 6x, 1 M abheben (Faden hinten), 4 M rechts, ab * stets wiederholen, RandM.
11. Reihe (C): RandM, * 4 M links, [1 M abheben (Faden vorne), 1 M links] 6x, 1 M abheben (Faden vorne), 11 M links, ab * stets wiederholen, RandM.
12. Reihe (A): RandM, * 10 M rechts, [1 M abheben (Faden hinten), 1 M rechts] 6x, 1 M abheben (Faden hinten), 5 M rechts, ab * stets wiederholen, RandM.
13. Reihe (A): RandM, * 5 M links, [1 M abheben (Faden vorne), 1 M links] 6x, 1 M abheben (Faden vorne), 10 M links, ab * stets wiederholen, RandM.
14. Reihe (B): RandM, * 9 M rechts, [1 M abheben (Faden hinten), 1 M rechts] 6x, 1 M abheben (Faden hinten), 6 M rechts, ab * stets wiederholen, RandM.
15. Reihe (B): RandM, * 6 M links, [1 M abheben (Faden vorne), 1 M links] 6x, 1 M abheben (Faden vorne), 9 M links, ab * stets wiederholen, RandM.
16. Reihe (C): RandM, * 8 M rechts, [1 M abheben (Faden hinten), 1 M rechts] 6x, 1 M abheben (Faden hinten), 7 M rechts, ab * stets wiederholen, RandM.
17. Reihe (C): RandM, * 7 M links, [1 M abheben (Faden vorne), 1 M links] 6x, 1 M abheben (Faden vorne), 8 M links, ab * stets wiederholen, RandM.
18. Reihe (A): RandM, * 7 M rechts, [1 M abheben (Faden hinten), 1 M rechts] 6x, 1 M abheben (Faden hinten), 8 M rechts, ab * stets wiederholen, RandM.
19. Reihe (A): RandM, * 8 M links, [1 M abheben (Faden vorne), 1 M links] 6x, 1 M abheben (Faden vorne), 7 M links, ab * stets wiederholen, RandM.
20. Reihe (B): RandM, * [1 M rechts, 1 M abheben (Faden hinten)] 3x, 15 M rechts, [1 M abheben (Faden hinten), 1 M rechts] 3x, 1 M abheben (Faden hinten), ab * stets wiederholen, RandM.

21. Reihe (B): RandM, * [1 M abheben (Faden vorne), 1 M links] 3x, 1 M abheben (Faden vorne), 15 M links, [1 M abheben (Faden vorne), 1 M links] 3x, ab * stets wiederholen, RandM.
22. Reihe (C): RandM, * [1 M abheben (Faden hinten), 1 M rechts] 3x, 1 M abheben (Faden hinten), 15 M rechts, [1 M abheben (Faden hinten), 1 M rechts] 3x, ab * stets wiederholen, RandM.
23. Reihe (C): RandM, * [1 M links, 1 M abheben (Faden vorne)] 3x, 15 M links, [1 M abheben (Faden vorne), 1 M links] 3x, 1 M abheben (Faden vorne), ab * stets wiederholen, RandM.
24. Reihe (A): RandM, * [1 M rechts, 1 M abheben (Faden hinten)] 4x, 15 M rechts, [1 M abheben (Faden hinten), 1 M rechts] 2x, 1 M abheben (Faden hinten), ab * stets wiederholen, RandM.
25. Reihe (A): RandM, * [1 M abheben (Faden vorne), 1 M links] 2x, 1 M abheben (Faden vorne), 15 M links, [1 M abheben (Faden vorne), 1 M links] 4x, ab * stets wiederholen, RandM.
26. Reihe (B): RandM, * [1 M abheben (Faden hinten), 1 M rechts] 4x, 1 M abheben (Faden hinten), 15 M rechts, [1 M abheben (Faden hinten), 1 M rechts] 2x, ab * stets wiederholen, RandM.
27. Reihe (B): RandM, * [1 M links, 1 M abheben (Faden vorne)] 2x, 15 M links, [1 M abheben (Faden vorne), 1 M links] 4x, 1 M abheben (Faden vorne), ab * stets wiederholen, RandM.
28. Reihe (C): RandM, * [1 M rechts, 1 M abheben (Faden hinten)] 5x, 15 M rechts, 1 M abheben (Faden hinten), 1 M rechts, 1 M abheben (Faden hinten), ab * stets wiederholen, RandM.
29. Reihe (C): RandM, * 1 M abheben (Faden vorne), 1 M links, 1 M abheben (Faden vorne), 15 M links, [1 M abheben (Faden vorne), 1 M links] 5x, ab * stets wiederholen, RandM.
30. Reihe (A): RandM, * [1 M abheben (Faden hinten), 1 M rechts] 5x, 1 M abheben (Faden hinten), 15 M rechts, 1 M abheben (Faden hinten), 1 M rechts, ab * stets wiederholen, RandM.
31. Reihe (A): RandM, * 1 M links, 1 M abheben (Faden vorne), 15 M links, [1 M abheben (Faden vorne), 1 M links] 5x, 1 M abheben (Faden vorne), ab * stets wiederholen, RandM.
32. Reihe (B): RandM, * [1 M rechts, 1 M abheben (Faden hinten)] 6x, 15 M rechts, 1 M abheben (Faden hinten), ab * stets wiederholen, RandM.
33. Reihe (B): RandM, * 1 M abheben (Faden vorne), 15 M links, [1 M abheben (Faden vorne), 1 M links] 6x, ab * stets wiederholen, RandM.
34. Reihe (C): RandM, * [1 M abheben (Faden hinten), 1 M rechts] 6x, 1 M abheben (Faden hinten), 15 M rechts, ab * stets wiederholen, RandM.
35. Reihe (C): RandM, * 15 M links, [1 M abheben (Faden vorne), 1 M links] 6x, 1 M abheben (Faden vorne), ab * stets wiederholen, RandM.
36. Reihe (A): RandM, * [1 M rechts, 1 M abheben (Faden hinten)] 7x, 14 M rechts, ab * stets wiederholen, RandM.
37. Reihe: RandM, * 14 M links, [1 M abheben (Faden vorne), 1 M links] 7x, ab * stets wiederholen, RandM.

Einmal die 1. - 37. Reihe arbeiten, dann die 2. - 37. Reihe stets wiederholen.

STRICKEN NACH STRICKSCHRIFT

In der Strickschrift sind alle Hin- und Rückreihen des Höhenrapportes notiert. Die Maschen sind so bezeichnet, wie sie gestrickt werden. In Hinreihen rechts und in Rückreihen links notierte Maschen ergeben also ein glatt rechts gestricktes Maschenbild.

In den HinR mit der RandM vor dem rechten Pfeil beginnen, den Rapport von 28 M zwischen den Pfeilen stets wiederholen und mit der RandM nach dem linken Pfeil enden. In allen Rückreihen die Strickschrift entsprechend von links nach rechts lesen. Dabei die Streifenfolge beachten. Einmal die 1. - 37. R arbeiten, dann die 2. - 37. R stets wiederholen. Die 1. R ist dabei eine Rückreihe.

Streifenfolge:
1 R Farbe A, * 2 R Farbe B, 2 R Farbe C, 2 R Farbe A, ab * stets wiederholen.

Die hier abgebildete Farbvariante wurde wie folgt gestrickt:
1 R Mint, * 2 R Rosa, 2 R Dunkelgrün, 2 R Mint ab * stets wiederholen.

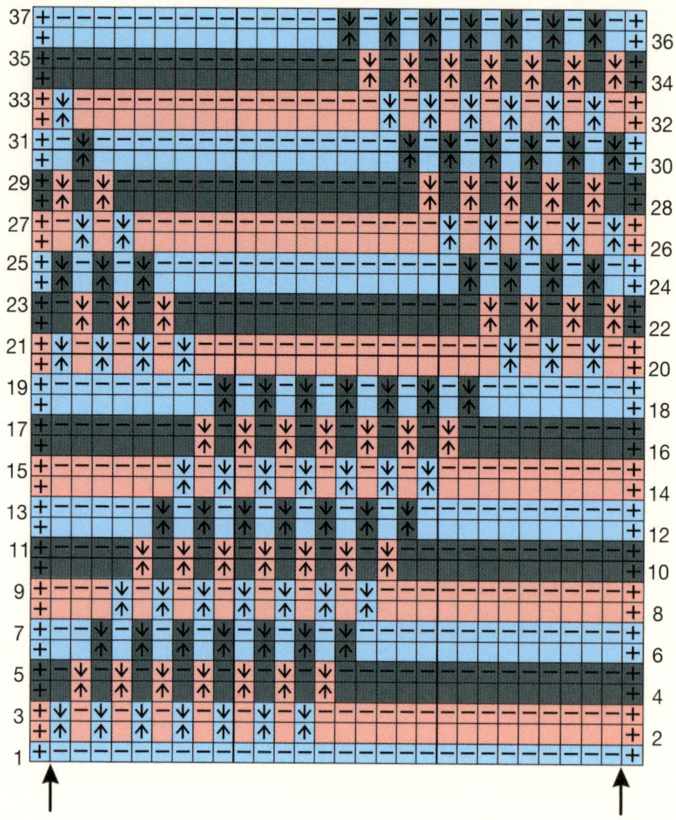

Zeichenerklärung:

- ⊞ = Randmasche
- ☐ = 1 Masche rechts
- ⊟ = 1 Masche links
- ↑ = 1 Masche abheben (Faden hinten)
- ↓ = 1 Masche abheben (Faden vorne)

Bubble Muster

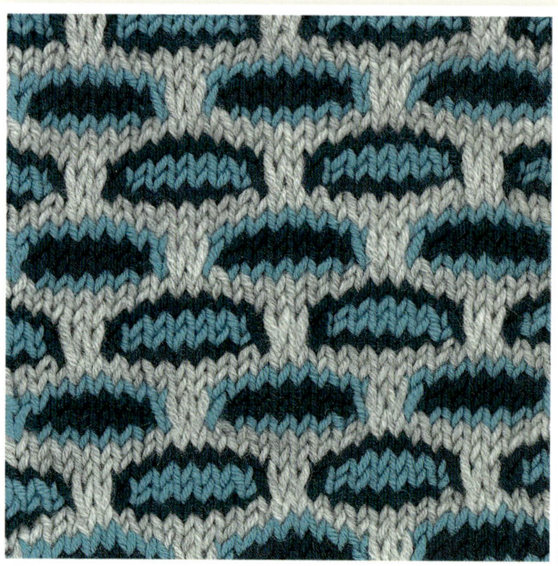

Schwierigkeitsgrad einfach
Kategorie mehrfarbige glatt rechts gestrickte Hebemaschenmuster mit unregelmäßiger Folge von Hin- und Rückreihen

Maschenzahl teilbar durch 10 + 2 Randmaschen.

STRICKEN NACH MUSTERBESCHREIBUNG

1. Reihe (Rückreihe, Farbe A): RandM, alle M links stricken, RandM.
2. Reihe (Hinreihe, Farbe B): RandM, * 1 M abheben (Faden hinten), 8 M rechts, 1 M abheben (Faden hinten), ab * stets wiederholen, RandM.
3. Reihe (Rückreihe, C): RandM, * 2 M abheben (Faden vorne), 6 M links, 2 M abheben (Faden vorne), ab * stets wiederholen, RandM.
4. Reihe (Hinreihe, C): RandM, * 2 M abheben (Faden hinten), 6 M rechts, 2 M abheben (Faden hinten), ab * stets wiederholen, RandM.

5. Reihe (Rückreihe, B): RandM, * 1 M abheben (Faden vorne), 8 M links, 1 M abheben (Faden vorne), ab * stets wiederholen, RandM.
6. Reihe (Hinreihe, A): RandM, alle M links stricken, RandM.
7. Reihe (Rückreihe A): RandM, alle M rechts stricken, RandM.
8. Reihe (Rückreihe, C): RandM, * 4 M links, 2 M abheben (Faden vorne), 4 M links, ab * stets wiederholen, RandM.
9. Reihe (Hinreihe, B): RandM, * 3 M rechts, 4 M abheben (Faden hinten), 3 M rechts, ab * stets wiederholen, RandM.
10. Reihe (Rückreihe, B): RandM, * 3 M links, 4 M abheben (Faden vorne), 3 M links, ab * stets wiederholen, RandM.
11. Reihe (Hinreihe, C): RandM, * 4 M rechts, 2 M abheben (Faden hinten), 4 M rechts, ab * stets wiederholen, RandM.
12. Reihe (Hinreihe, A): RandM, alle M links stricken, RandM.
13. Reihe (Rückreihe, A): RandM, alle M rechts stricken, RandM.

Einmal die 1. - 13. Reihe arbeiten, dann die 2. - 13. Reihe stets wiederholen.

STRICKEN NACH STRICKSCHRIFT

In der Strickschrift sind alle Hin- und Rückreihen des Höhenrapportes notiert. Die Maschen sind so bezeichnet, wie sie gestrickt werden. In Hinreihen rechts und Rückreihen links notierte Maschen ergeben also ein glatt rechts gestricktes Maschenbild.

Dieses Muster wird nicht wie üblich abwechselnd in Hin- und Rückreihen gestrickt. An einigen Stellen folgen 2 Rückreihen und an anderen 2 Hinreihen direkt aufeinander. Dazu die Rundstricknadel jeweils wieder an den Reihenbeginn ziehen. Die Reihenziffer rechts und links der Strickschrift markiert den Beginn jeder Reihe: Ziffern rechts neben der Strickschrift kennzeichnen Hinreihen, die von rechts nach links gelesen werden, Ziffern links neben der Strickschrift kennzeichnen Rückreihen, die von links nach rechts gelesen werden.

In den HinR mit der RandM vor dem rechten Pfeil beginnen, den Mustersatz von 10 M zwischen den Pfeilen stets wiederholen und mit der RandM nach dem linken Pfeil enden. In allen Rückreihen die Strickschrift entsprechend von links nach rechts lesen.

Dabei die Streifenfolge beachten. Einmal die 1. - 13. R arbeiten, dann die 2. - 13. R stets wiederholen. Die 1. R ist dabei eine Rückreihe.

Streifenfolge:
1 R Farbe A, * 1 R Farbe B, 2 R Farbe C, 1 R Farbe B, 2 R Farbe A, 1 R Farbe C, 2 R Farbe B, 1 R Farbe C, 2 R Farbe A, ab * stets wiederholen.

Die hier abgebildete Farbvariante wurde wie folgt gestrickt:
1 R Hellgrau, * 1 R Petrol, 2 R Dunkelgrün, 1 R Petrol, 2 R Hellgrau, 1 R Dunkelgrün, 2 R Petrol, 1 R Dunkelgrün, 2 R Hellgrau, ab * stets wiederhole.

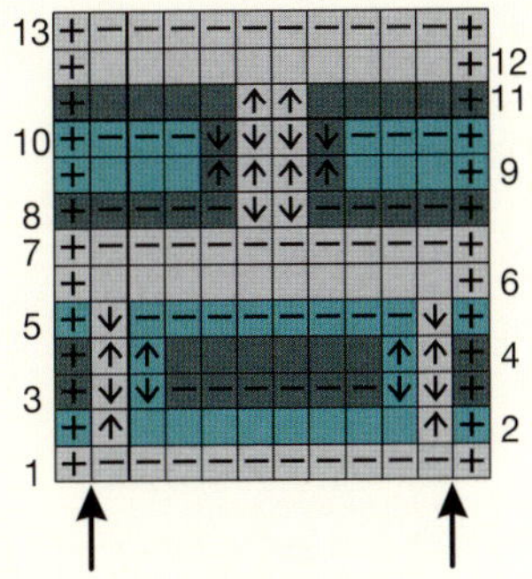

Zeichenerklärung:

+ = Randmasche
□ = 1 Masche rechts
– = 1 Masche links
↑ = 1 Masche abheben (Faden hinten)
↓ = 1 Masche abheben (Faden vorne)

Zopfmuster

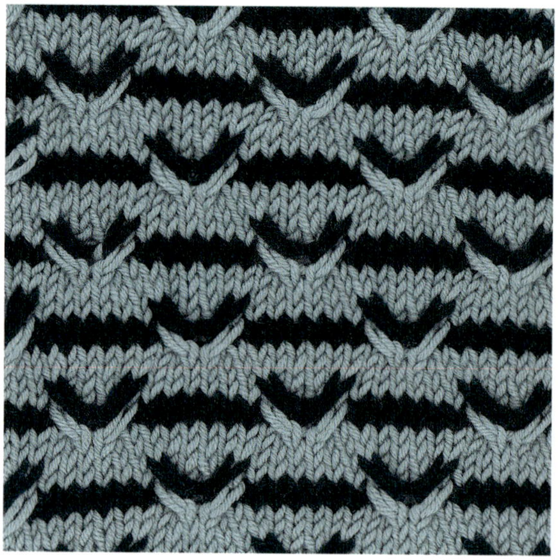

Schwierigkeitsgrad mittel
Kategorie glatt rechts gestrickte Hebemaschenmuster mit Zöpfen

Maschenzahl teilbar durch 12 + 2 Randmaschen.

STRICKEN NACH MUSTERBESCHREIBUNG

1. Reihe (Rückreihe, Farbe A): RandM, alle M links stricken, RandM.
2. Reihe (Hinreihe, Farbe B): RandM, * 5 M rechts, 2 M abheben (Faden hinten), 5 M rechts, ab * stets wiederholen, RandM.
3. Reihe (B): RandM, * 5 M links, 2 M abheben (Faden vorne), 5 M links, ab * stets wiederholen, RandM.
4. Reihe (A): RandM, * 3 M rechts, 2 M auf eine Hilfsnadel hinter die Arbeit legen, 1 M rechts, dann die 1. M der Hilfsnadel rechts stricken und die 2. M der Hilfsnadel abheben (Faden hinten), 1 M auf eine Hilfsnadel vor die Arbeit legen, 1 M abheben (Faden hinten), 1 M rechts, dann die M der Hilfsnadel rechts stricken, 3 M rechts, ab * stets wiederholen, RandM.
5. Reihe (A): RandM, * 5 M links, 2 M abheben (Faden vorne), 5 M links, ab * stets wiederholen, RandM.
6. Reihe (A): RandM, * 3 M rechts, 2 M auf eine Hilfsnadel hinter die Arbeit legen, 1 M rechts, dann die 2 M der Hilfsnadel rechts stricken, 1 M auf eine Hilfsnadel vor die Arbeit legen, 2 M rechts, dann die M der Hilfsnadel rechts stricken, 3 M rechts, ab * stets wiederholen, RandM.
7. Reihe (A): RandM, alle M links stricken, RandM.
8. Reihe (B): RandM, * 1 M abheben (Faden hinten), 10 M rechts, 1 M abheben (Faden hinten), ab * stets wiederholen, RandM.
9. Reihe (B): RandM, * 1 M abheben (Faden vorne), 10 M links, 1 M abheben (Faden vorne), ab * stets wiederholen, RandM.
10. Reihe (A): RandM, * 1 M auf eine Hilfsnadel vor die Arbeit legen, 1 M abheben (Faden hinten), 1 M rechts, dann die M der Hilfsnadel rechts stricken, 6 M rechts,
2 M auf eine Hilfsnadel hinter die Arbeit legen, 1 M rechts, dann die 1. M der Hilfsnadel rechts stricken und die 2. M der Hilfsnadel abheben (Faden hinten), ab * stets wiederholen, RandM.
11. Reihe (A): RandM, * 1 M abheben (Faden vorne), 10 M links, 1 M abheben (Faden vorne), ab * stets wiederholen, RandM.
12. Reihe (A): RandM, * 1 M auf eine Hilfsnadel vor die Arbeit legen, 2 M rechts, dann die M der Hilfsnadel rechts stricken, 6 M rechts,
2 M auf eine Hilfsnadel hinter die Arbeit legen, 1 M rechts, dann die 2 M der Hilfsnadel rechts stricken, ab * stets wiederholen, RandM.
13. Reihe (A): RandM, alle M links stricken, RandM.

Einmal die 1. - 13. Reihe arbeiten, dann die 2. - 13. Reihe stets wiederholen.

STRICKEN NACH STRICKSCHRIFT

In der Strickschrift sind alle Hin- und Rückreihen des Höhenrapportes notiert. Die Maschen sind so bezeichnet, wie sie gestrickt werden. In Hin- und Rückreihen rechts notierte Maschen ergeben also ein kraus rechts gestricktes Maschenbild, in Hinreihen rechts und Rückreihen links notierte Maschen ein glatt rechts gestricktes Maschenbild.

In den HinR mit der RandM vor dem rechten Pfeil beginnen, den Rapport von 12 M zwischen den Pfeilen stets wiederholen und mit der RandM nach dem linken Pfeil enden. In allen Rückreihen die Strickschrift entsprechend von links nach rechts lesen. Dabei die Streifenfolge beachten. Einmal die 1. - 13. R arbeiten, dann die 2. - 13. R stets wiederholen. Die 1. R ist dabei eine Rückreihe.

Streifenfolge:
1 R Farbe A, * 2 R Farbe B, 4 R Farbe A, ab * stets wiederholen.

Die hier abgebildete Farbvariante wurde wie folgt gestrickt:
1 R Mint, * 2 R Dunkelgrün, 4 R Mint, ab * stets wiederholen.

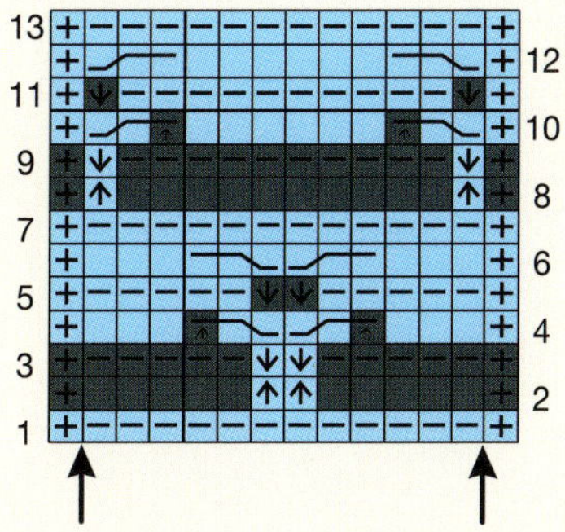

Zeichenerklärung:

[+] = Randmasche
[ ] = 1 Masche rechts
[–] = 1 Masche links
[↑] = 1 Masche abheben (Faden hinten)
[↓] = 1 Masche abheben (Faden vorne)

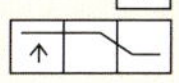 = 1 Masche auf eine Hilfsnadel vor die Arbeit legen, 1 Masche abheben (Faden hinten), 1 Masche rechts, dann die Masche der Hilfsnadel rechts stricken

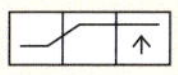 = 2 Maschen auf eine Hilfsnadel hinter die Arbeit legen, 1 Masche rechts, dann die 1. Masche der Hilfsnadel rechts stricken und die 2. Masche der Hilfsnadel abheben (Faden hinten)

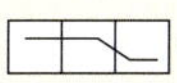 = 1 Masche auf eine Hilfsnadel vor die Arbeit legen, 2 Maschen rechts, dann die Masche der Hilfsnadel rechts stricken

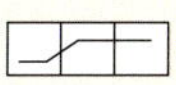 = 2 Maschen auf eine Hilfsnadel hinter die Arbeit legen, 1 Masche rechts, dann die 2 Maschen der Hilfsnadel rechts stricken

Kreismuster

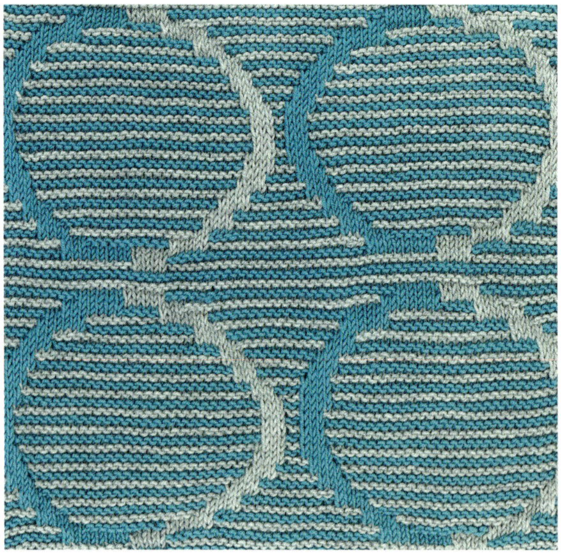

Schwierigkeitsgrad mittel
Kategorie glatt und kraus rechts gestrickte Hebemaschenmuster

Maschenzahl teilbar durch 36 + 2 Randmaschen.

STRICKEN NACH MUSTERBESCHREIBUNG

1. Reihe (Rückreihe, Farbe A): RandM, alle M rechts stricken, RandM.
2. Reihe (Hinreihe, Farbe B): RandM, alle M rechts stricken, RandM.
3. Reihe (Rückreihe, Farbe B): RandM, alle M rechts stricken, RandM.
4. Reihe (A): RandM, alle M rechts stricken, RandM.
5. Reihe (A): RandM, * 18 M rechts, 4 M links, 14 M rechts, ab * stets wiederholen, RandM.
6. Reihe (B): RandM, * 14 M rechts, 4 M abheben (Faden hinten), 18 M rechts, ab * stets wiederholen, RandM.
7. Reihe (B): RandM, * 10 M rechts, 8 M links, 4 M abheben (Faden vorne), 14 M rechts, ab * stets wiederholen, RandM.
8. Reihe (A): RandM, * 18 M rechts, 8 M abheben (Faden hinten), 10 M rechts, ab * stets wiederholen, RandM.
9. Reihe (A): RandM, * 10 M links, 8 M abheben (Faden vorne), 9 M links, 9 M rechts, ab * stets wiederholen, RandM.
10. Reihe (B): RandM, * 9 M rechts, 5 M abheben (Faden hinten), 22 M rechts ab * stets wiederholen, RandM.
11. Reihe (B): RandM, * 7 M rechts, 6 M links, 9 M rechts, 5 M abheben (Faden vorne), 9 M rechts, ab * stets wiederholen, RandM.
12. Reihe (A): RandM, * 25 M rechts, 4 M abheben (Faden hinten), 7 M rechts, ab * stets wiederholen, RandM.
13. Reihe (A): RandM, * 7 M rechts, 4 M abheben (Faden vorne), 14 M rechts, 5 M links, 6 M rechts, ab * stets wiederholen, RandM.
14. Reihe (B): RandM, * 6 M rechts, 4 M abheben (Faden hinten), 26 M rechts ab * stets wiederholen, RandM.
15. Reihe (B): RandM, * 5 M rechts, 5 M links, 16 M rechts, 4 M abheben (Faden vorne), 6 M rechts, ab * stets wiederholen, RandM.
16. Reihe (A): RandM, * 27 M rechts, 4 M abheben (Faden hinten), 5 M rechts, ab * stets wiederholen, RandM.
17. Reihe (A): RandM, * 5 M rechts, 4 M abheben (Faden vorne), 18 M rechts, 5 M links, 4 M rechts, ab * stets wiederholen, RandM.
18. Reihe (B): RandM, * 4 M rechts, 4 M abheben (Faden hinten), 28 M rechts ab * stets wiederholen, RandM.
19. Reihe (B): RandM, * 3 M rechts, 5 M links, 20 M rechts, 4 M abheben (Faden vorne), 4 M rechts, ab * stets wiederholen, RandM.
20. Reihe (A): RandM, * 29 M rechts, 4 M abheben (Faden hinten), 3 M rechts, ab * stets wiederholen, RandM.
21. Reihe (A): RandM, * 3 M rechts, 4 M abheben (Faden vorne), 22 M rechts, 5 M links, 2 M rechts, ab * stets wiederholen, RandM.
22. Reihe (B): RandM, * 2 M rechts, 4 M abheben (Faden hinten), 30 M rechts ab * stets wiederholen, RandM.
23. Reihe (B): RandM, * 2 M rechts, 4 M links, 24 M rechts, 4 M abheben (Faden vorne), 2 M rechts, ab * stets wiederholen, RandM.
24. Reihe (A): RandM, * 30 M rechts, 4 M abheben (Faden hinten), 2 M rechts, ab * stets wiederholen, RandM.
25. Reihe (A): RandM, * 2 M rechts, 4 M abheben (Faden vorne), 25 M rechts, 4 M links, 1 M rechts, ab * stets wiederholen, RandM.
26. Reihe (B): RandM, * 1 M rechts, 4 M abheben (Faden hinten), 31 M rechts ab * stets wiederholen, RandM.
27. Reihe (B): RandM, * 1 M rechts, 4 M links,

26 M rechts, 4 M abheben (Faden vorne), 1 M rechts, ab * stets wiederholen, RandM.
28. Reihe (A): RandM, * 31 M rechts, 4 M abheben (Faden hinten), 1 M rechts, ab * stets wiederholen, RandM.
29. Reihe (A): RandM, * 1 M rechts, 4 M abheben (Faden vorne), 26 M rechts, 4 M links, 1 M rechts, ab * stets wiederholen, RandM.
30. Reihe (B): RandM, * 1 M rechts, 3 M abheben (Faden hinten), 32 M rechts ab * stets wiederholen, RandM.
31. Reihe (B): RandM, * 1 M rechts, 3 M links, 28 M rechts, 3 M abheben (Faden vorne), 1 M rechts, ab * stets wiederholen, RandM.
32. Reihe (A): RandM, * 32 M rechts, 3 M abheben (Faden hinten), 1 M rechts, ab * stets wiederholen, RandM.
33. Reihe (A): RandM, * 1 M rechts, 3 M abheben (Faden vorne), 28 M rechts, 3 M links, 1 M rechts, ab * stets wiederholen, RandM.
34. Reihe (B): RandM, * 1 M rechts, 3 M abheben (Faden hinten), 32 M rechts ab * stets wiederholen, RandM.
35. Reihe (B): RandM, * 1 M rechts, 3 M links, 28 M rechts, 3 M abheben (Faden vorne), 1 M rechts, ab * stets wiederholen, RandM.
36. Reihe (A): RandM, * 32 M rechts, 3 M abheben (Faden hinten), 1 M rechts, ab * stets wiederholen, RandM.
37. Reihe (A): RandM, * 1 M rechts, 3 M abheben (Faden vorne), 28 M rechts, 3 M links, 1 M rechts, ab * stets wiederholen, RandM.
38. Reihe (B): RandM, * 1 M rechts, 3 M abheben (Faden hinten), 32 M rechts ab * stets wiederholen, RandM.
39. Reihe (B): RandM, * 1 M rechts, 4 M links, 27 M rechts, 3 M abheben (Faden vorne), 1 M rechts, ab * stets wiederholen, RandM.
40. Reihe (A): RandM, * 31 M rechts, 4 M abheben (Faden hinten), 1 M rechts, ab * stets wiederholen, RandM.
41. Reihe (A): RandM, * 1 M rechts, 4 M abheben (Faden vorne), 26 M rechts, 4 M links, 1 M rechts, ab * stets wiederholen, RandM.
42. Reihe (B): RandM, * 2 M rechts, 3 M abheben (Faden hinten), 31 M rechts ab * stets wiederholen, RandM.
43. Reihe (B): RandM, * 2 M rechts, 4 M links, 25 M rechts, 3 M abheben (Faden vorne), 2 M rechts, ab * stets wiederholen, RandM.
44. Reihe (A): RandM, * 30 M rechts, 4 M abheben (Faden hinten), 2 M rechts, ab * stets wiederholen, RandM.
45. Reihe (A): RandM, * 2 M rechts, 4 M abheben (Faden vorne), 24 M rechts, 4 M links, 2 M rechts, ab * stets wiederholen, RandM.
46. Reihe (B): RandM, * 3 M rechts, 3 M abheben (Faden hinten), 30 M rechts ab * stets wiederholen, RandM.
47. Reihe (B): RandM, * 3 M rechts, 4 M links, 23 M rechts, 3 M abheben (Faden vorne), 3 M rechts, ab * stets wiederholen, RandM.
48. Reihe (A): RandM, * 29 M rechts, 4 M abheben (Faden hinten), 3 M rechts, ab * stets wiederholen, RandM.
49. Reihe (A): RandM, * 3 M rechts, 4 M abheben (Faden vorne), 22 M rechts, 4 M links, 3 M rechts, ab * stets wiederholen, RandM.
50. Reihe (B): RandM, * 4 M rechts, 3 M abheben (Faden hinten), 29 M rechts ab * stets wiederholen, RandM.
51. Reihe (B): RandM, * 4 M rechts, 5 M links, 20 M rechts, 3 M abheben (Faden vorne), 4 M rechts, ab * stets wiederholen, RandM.
52. Reihe (A): RandM, * 27 M rechts, 4 M abheben (Faden hinten), 5 M rechts, ab * stets wiederholen, RandM.
53. Reihe (A): RandM, * 5 M rechts, 4 M abheben (Faden vorne), 17 M rechts, 5 M links, 5 M rechts, ab * stets wiederholen, RandM.
54. Reihe (B): RandM, * 6 M rechts, 4 M abheben (Faden hinten), 26 M rechts ab * stets wiederholen, RandM.
55. Reihe (B): RandM, * 6 M rechts, 7 M links, 13 M rechts, 4 M abheben (Faden vorne), 6 M rechts, ab * stets wiederholen, RandM.
56. Reihe (A): RandM, * 23 M rechts, 6 M abheben (Faden hinten), 7 M rechts, ab * stets wiederholen, RandM.
57. Reihe (A): RandM, * 7 M rechts, 6 M abheben (Faden vorne), 9 M rechts, 7 M links, 7 M rechts, ab * stets wiederholen, RandM.
58. Reihe (B): RandM, * 8 M rechts, 6 M abheben (Faden hinten), 22 M rechts ab * stets wiederholen, RandM.
59. Reihe (B): RandM, * 8 M rechts, 10 M links, 4 M rechts, 6 M abheben (Faden vorne), 8 M rechts, ab * stets wiederholen, RandM.
60. Reihe (A): RandM, * 18 M rechts, 7 M abheben (Faden hinten), 11 M rechts, ab * stets wiederholen, RandM.
61. Reihe (A): RandM, * 11 M rechts, 7 M abheben (Faden vorne), 7 M links, 11 M rechts, ab * stets wiederholen, RandM.
62. Reihe (B): RandM, * 13 M rechts, 5 M abheben (Faden hinten), 18 M rechts ab * stets wiederholen, RandM.
63. Reihe (B): RandM, * 13 M rechts, 5 M links,

5 M abheben (Faden vorne), 13 M rechts, ab * stets wiederholen, RandM.
64. Reihe (A): RandM, alle M rechts stricken, RandM.
65. Reihe (A): RandM, alle M rechts stricken, RandM.

Einmal die 1. - 65. Reihe arbeiten, dann die 2. - 65. Reihe stets wiederholen.

STRICKEN NACH STRICKSCHRIFT

In der Strickschrift sind alle Hin- und Rückreihen des Höhenrapportes notiert. Die Maschen sind so bezeichnet, wie sie gestrickt werden. In Hin- und Rückreihen rechts notierte Maschen ergeben also ein kraus rechts gestricktes Maschenbild, in Hinreihen rechts und Rückreihen links notierte Maschen ein glatt rechts gestricktes Maschenbild.

In den HinR mit der RandM vor dem rechten Pfeil beginnen, den Rapport von 36 M zwischen den Pfeilen stets wiederholen und mit der RandM nach dem linken Pfeil enden. In allen Rückreihen die Strickschrift entsprechend von links nach rechts lesen. Dabei die Streifenfolge beachten. Einmal die 1. - 65. R arbeiten, dann die 2. - 65. R stets wiederholen. Die 1. R ist dabei eine Rückreihe.

Streifenfolge:

1 R Farbe A, * 2 R Farbe B, 2 R Farbe A, ab * stets wiederholen.

Die hier abgebildete Farbvariante wurde wie folgt gestrickt:
1 R Hellgrau, * 2 R Petrol, 2 R Hellgrau, ab * stets wiederholen.

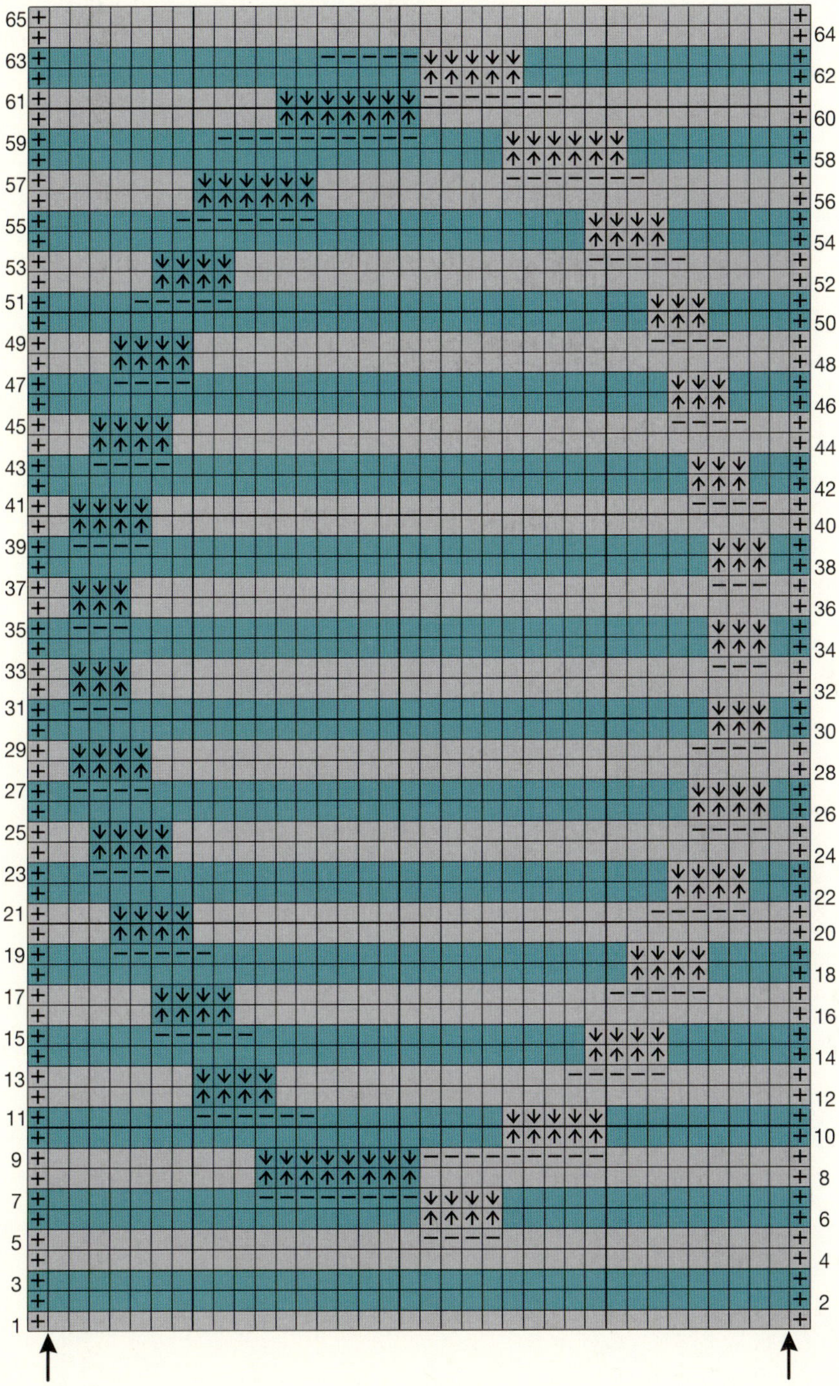

Zeichenerklärung:

+ = Randmasche
☐ = 1 Masche rechts
– = 1 Masche links
↑ = 1 Masche abheben (Faden hinten)
↓ = 1 Masche abheben (Faden vorne)

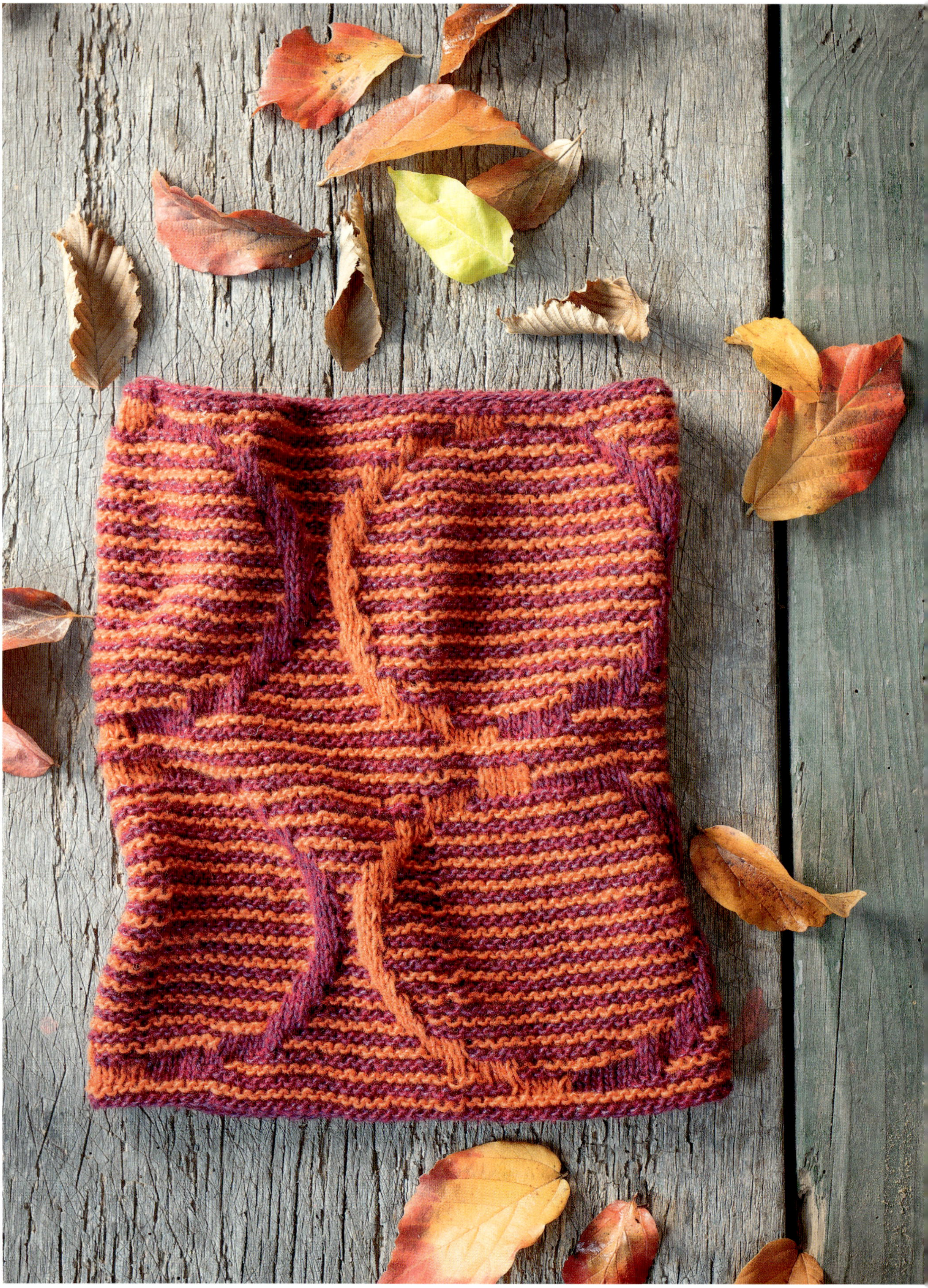

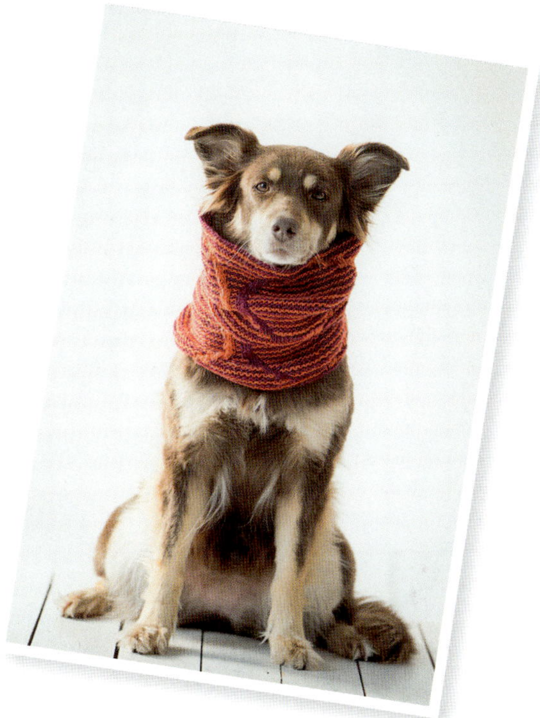

Loop

Schwierigkeitsgrad: mittel

Das große Kreismuster von Seite 46 ist wie geschaffen für den kuschelig warmen Loop, der ganz einfach in Runden gestrickt wird und keine Nähte braucht.

Größe:
57 cm im Umfang x 32 cm hoch

Material:
Junghans-Wolle Melina (55 % Polyamid, 23 % Schurwolle, 22 % Polyacryl, LL = 160 m/50 g) je 50 g Fuchsia (Fb 129-073-10) und Rost (Fb 129-077-10); eine 40 lange Rundstricknadel in 5 mm.

Muster:
Hebemaschenmuster in Runden.

Maschenzahl teilbar durch 36. Nach Strickschrift in der Streifenfolge arbeiten.
Es sind alle Runden notiert. Die Maschen sind so bezeichnet, wie sie gestrickt werden. Abwechselnd rechts und links gestrickte Runden ergeben also ein kraus rechts gestricktes Maschenbild.

Den Mustersatz von 36 Maschen zwischen den Pfeilen stets wiederholen. Den Rundenübergang markieren. Die 1. – 64. Runde stets wiederholen

Streifenfolge:
Je 2 Rd in Fuchsia und 2 Rd in Rost im Wechsel stricken.

Maschenprobe:
19 Maschen und 40,5 Runden = 10 cm x 10 cm.

So wird's gemacht

In Fuchsia 108 M anschlagen, den Rundenanfang markieren und 130 Rd im Hebemaschenmuster in der Streifenfolge nach Strickschrift arbeiten (= 2x die 1. – 64. Rd und noch einmal die ersten beiden Rd als oberen Abschluss). Dann alle M locker abketten.

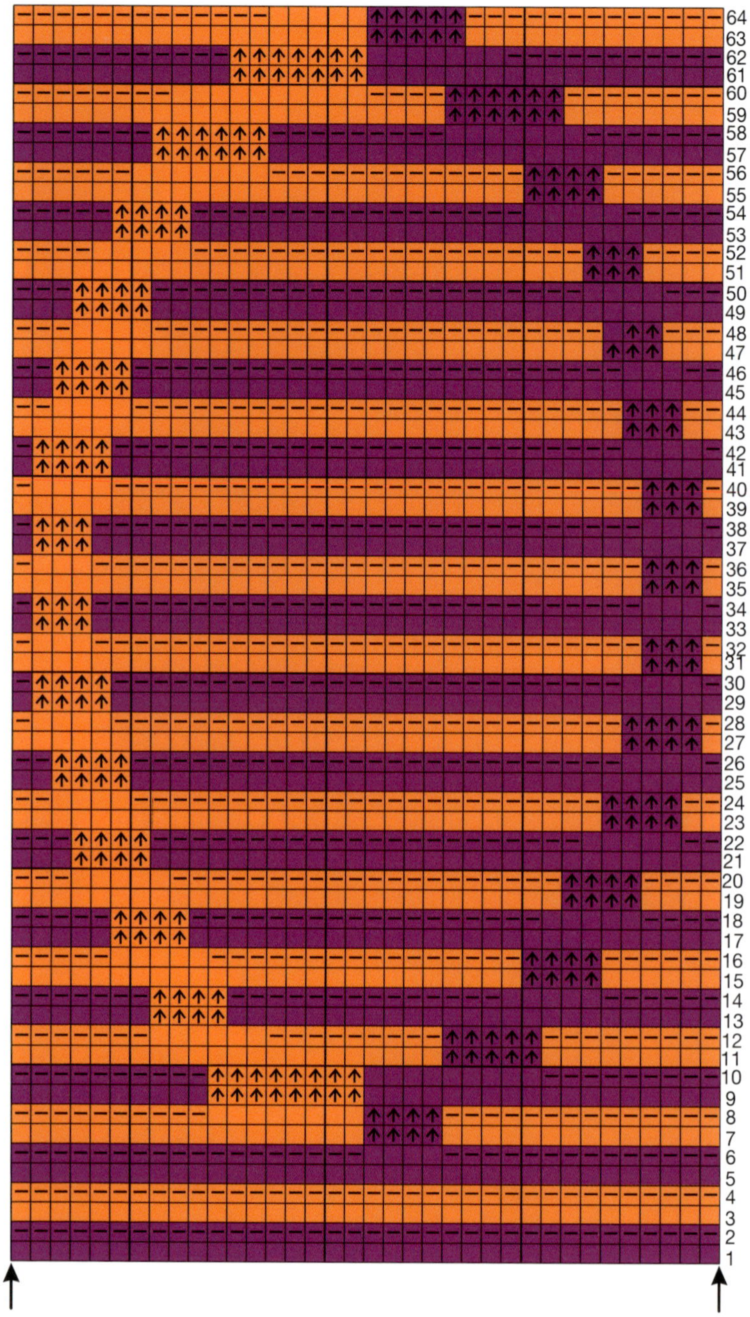

Zeichenerklärung:

☐ = 1 Masche rechts
⊟ = 1 Masche links
↑ = 1 Masche abheben (Faden hinten)

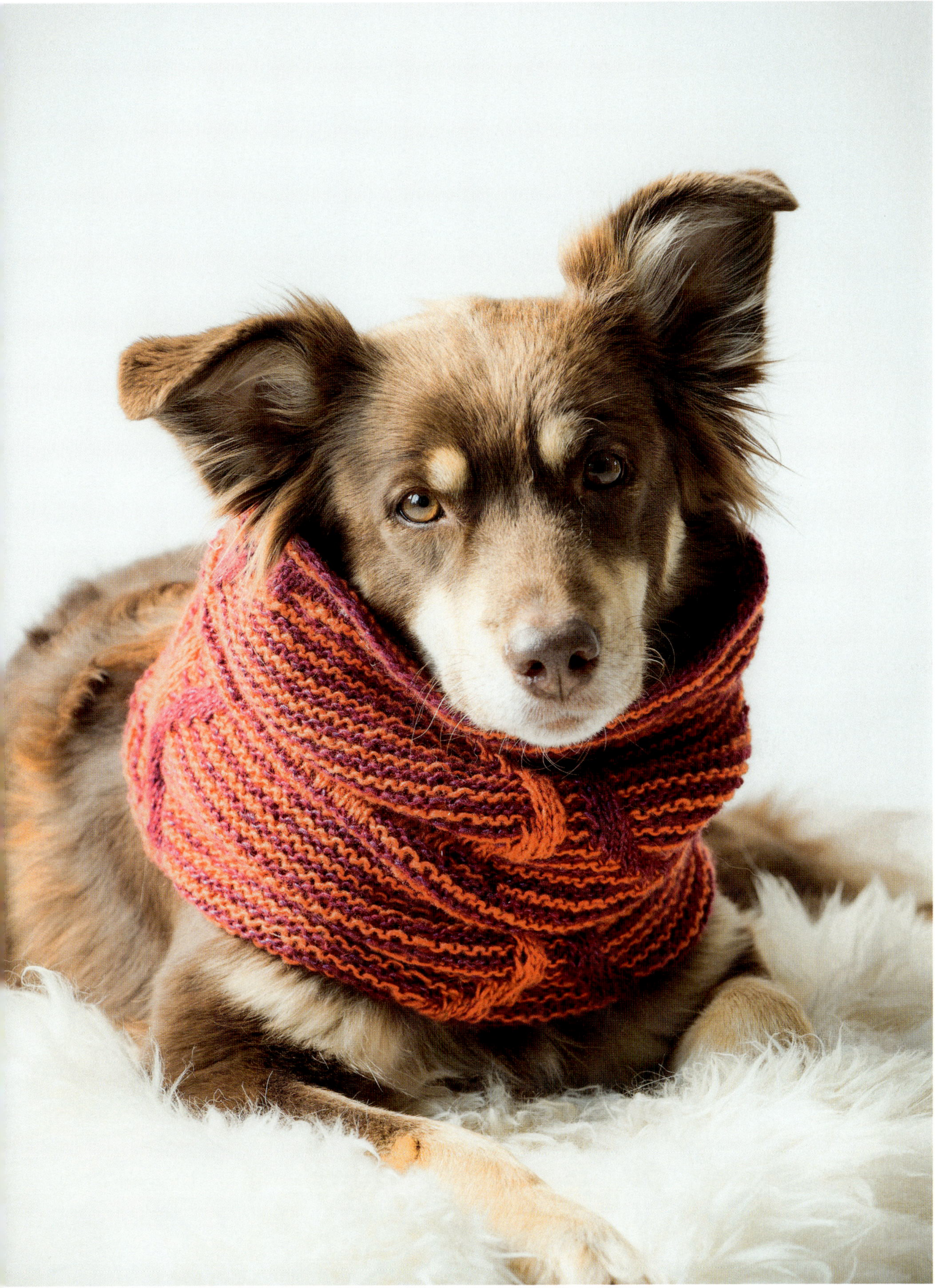

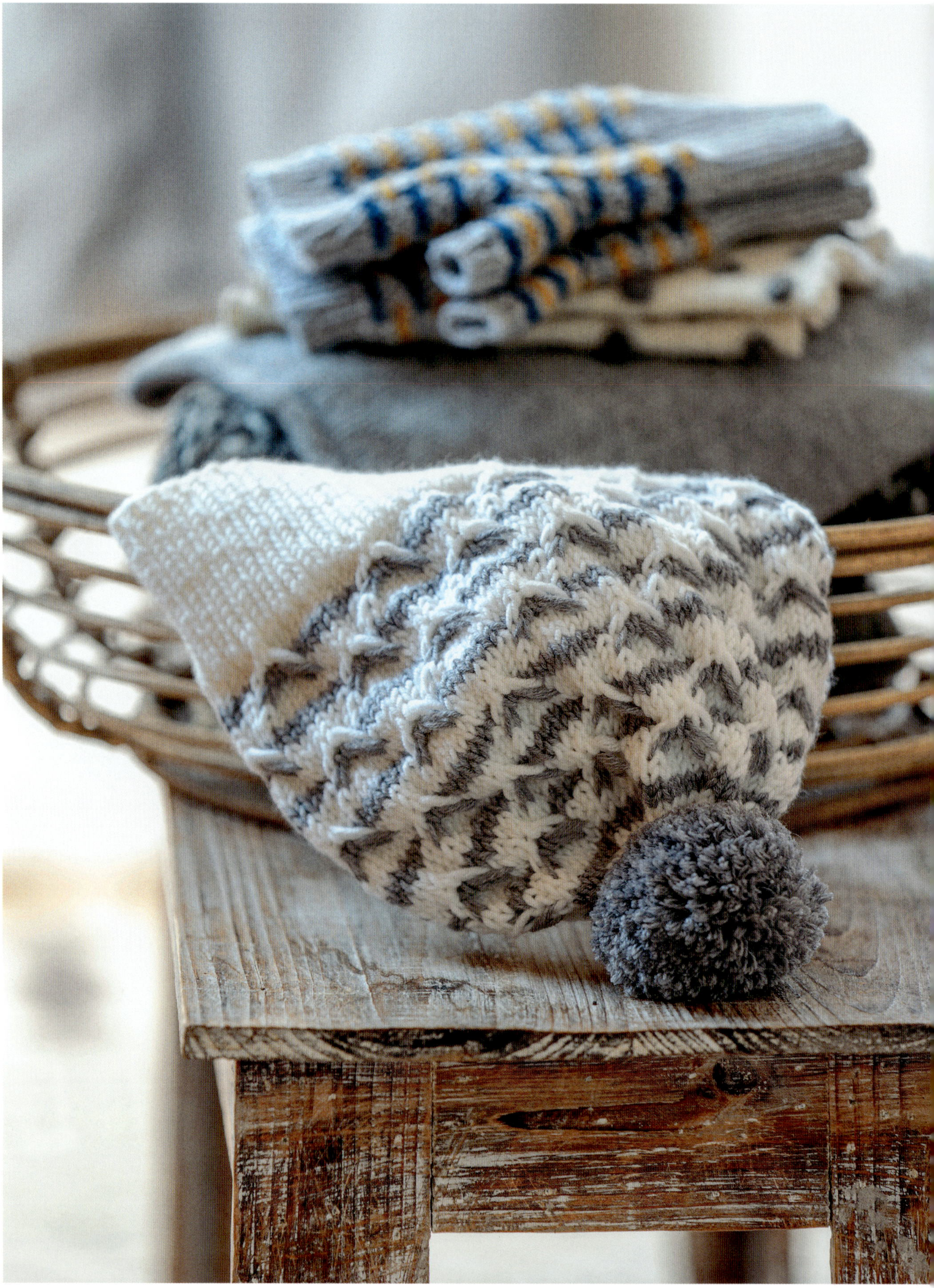

Zopfmütze

Schwierigkeitsgrad: mittel

Die schöne Musterkombination aus kleinen Zöpfen und Hebemaschen von Seite 44 schmückt die warme, rundgestrickte Mütze.

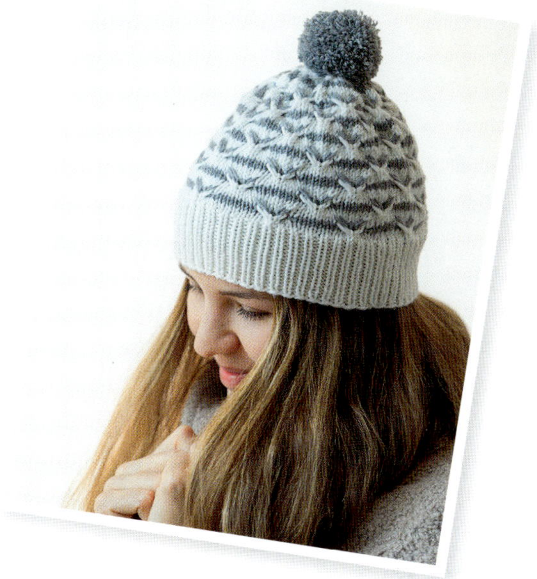

Größe:
52-54 (55-57 / 58-60) cm Kopfumfang
Die Angaben für die größeren Größen stehen hintereinander in Klammern. Steht nur eine Angabe, so gilt diese für alle Größen.

Material:
Schulana Sumerino (100 % Schurwolle, LL = 85 m/50 g): 100 g Weiß (Fb 66) und 50 g Mittelgrau (Fb 101); Nadelspiel in 4,5 mm.

Muster:
Glatt rechts in Runden:
Alle M stets rechts stricken.

Rippenmuster in Runden:
1 M rechts, 1 M links im Wechsel stricken.

Hebemaschenmuster in Runden:
Maschenzahl teilbar durch 12. In Runden nach Strickschrift in der Streifenfolge arbeiten.
Es sind alle Runden eines Höhenrapports notiert. Die Maschen sind so bezeichnet, wie sie gestrickt werden. In allen Runden rechts notierte Maschen ergeben also ein glatt rechts gestricktes Maschenbild.
Den Mustersatz von 12 Maschen zwischen den Pfeilen stets wiederholen.
Einmal die 1. - 14. Runde arbeiten, dann die 3. - 14. Runde stets wiederholen.

Streifenfolge:
* 2 Rd Weiß, 2 Rd Mittelgrau, 2 Rd Weiß, ab * stets wiederholen.

Maschenprobe:
22 Maschen und 28 Runden = 10 cm x 10 cm.

So wird's gemacht

In Weiß 108 (120/132) M anschlagen, die M zur Rd schließen, ohne dabei die Anschlagkante zu verdrehen, den Rundenanfang markieren und für den Bund 6 cm = 18 Runden im Rippenmuster stricken.
Dann im Hebemaschenmuster in der Streifenfolge weiterarbeiten.

Nach 11,5 cm = 32 Runden ab Bund zwischen den Zöpfen immer 2 M rechts zusammenstricken = 9 (10/11) Abnahmen und insgesamt noch 99 (110/121) Maschen. Nun befinden sich nur noch jeweils 5 M zwischen den Zöpfen.

Diese Abnahme in der folgenden 4. Rd noch einmal auf die gleiche Weise arbeiten = 90 (100/110) Maschen. Nun befinden sich nur noch jeweils 4 M zwischen den Zöpfen. Gut darauf achten, die folgenden Zöpfe immer genau übereinander arbeiten.

In der folgenden 2. Rd zwischen den Zöpfen wieder jeweils 2 M rechts zusammenstricken = 81 (90/99) Maschen. Dadurch befinden sich nur noch je 3 M zwischen den Zöpfen.

Diese Abnahme in der folgenden 4. Rd noch einmal auf die gleiche Weise arbeiten = 72 (80/88) Maschen. Nun befinden sich nur noch jeweils 2 M zwischen den Zöpfen.

Nun glatt rechts in der Streifenfolge weiterarbeiten und 4x in jeder 2. Rd gleichmäßig verteilt 9 (10/11)x je 1 M abnehmen = 36 (40/44) Maschen. In der folgenden 2. Rd stets 2 M rechts zusammenstricken = 18 (20/22) Maschen.

Den Faden durch die restlichen M ziehen und diese fest zusammenziehen.

Fertigstellung:
Einen Pompon mit ca. 5 cm Durchmesser in Mittelgrau anfertigen und an der Mützenspitze anbringen.

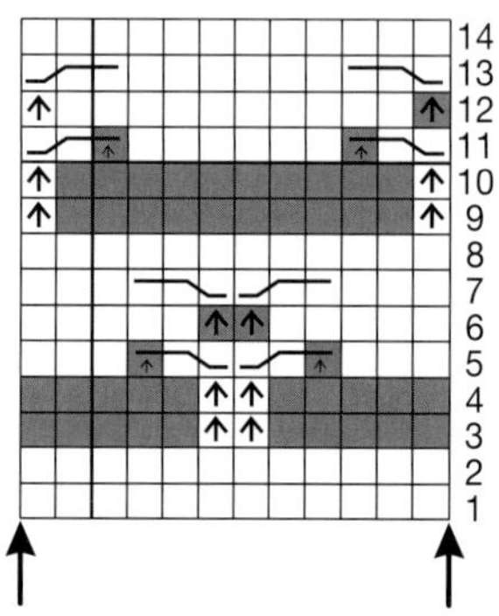

Zeichenerklärung:

 = 1 Masche rechts

 = 1 Masche abheben (Faden hinten)

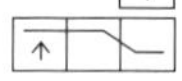 = 1 Masche auf eine Hilfsnadel vor die Arbeit legen, 1 Masche rechts, dann die folgende Masche abheben (Faden hinter die Arbeit), nun die Masche der Hilfsnadel rechts stricken,

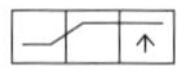 = 2 Maschen auf eine Hilfsnadel hinter die Arbeit legen, 1 Masche rechts, dann die 1. Masche der Hilfsnadel rechts stricken und die 2. Masche der Hilfsnadel abheben (Faden hinter der Arbeit)

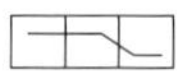 = 1 Masche auf eine Hilfsnadel vor die Arbeit legen, 2 Maschen rechts, dann die Masche der Hilfsnadel rechts stricken

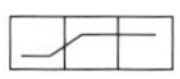 = 2 Maschen auf eine Hilfsnadel hinter die Arbeit legen, 1 Masche rechts, dann die 2 Maschen der Hilfsnadel rechts stricken

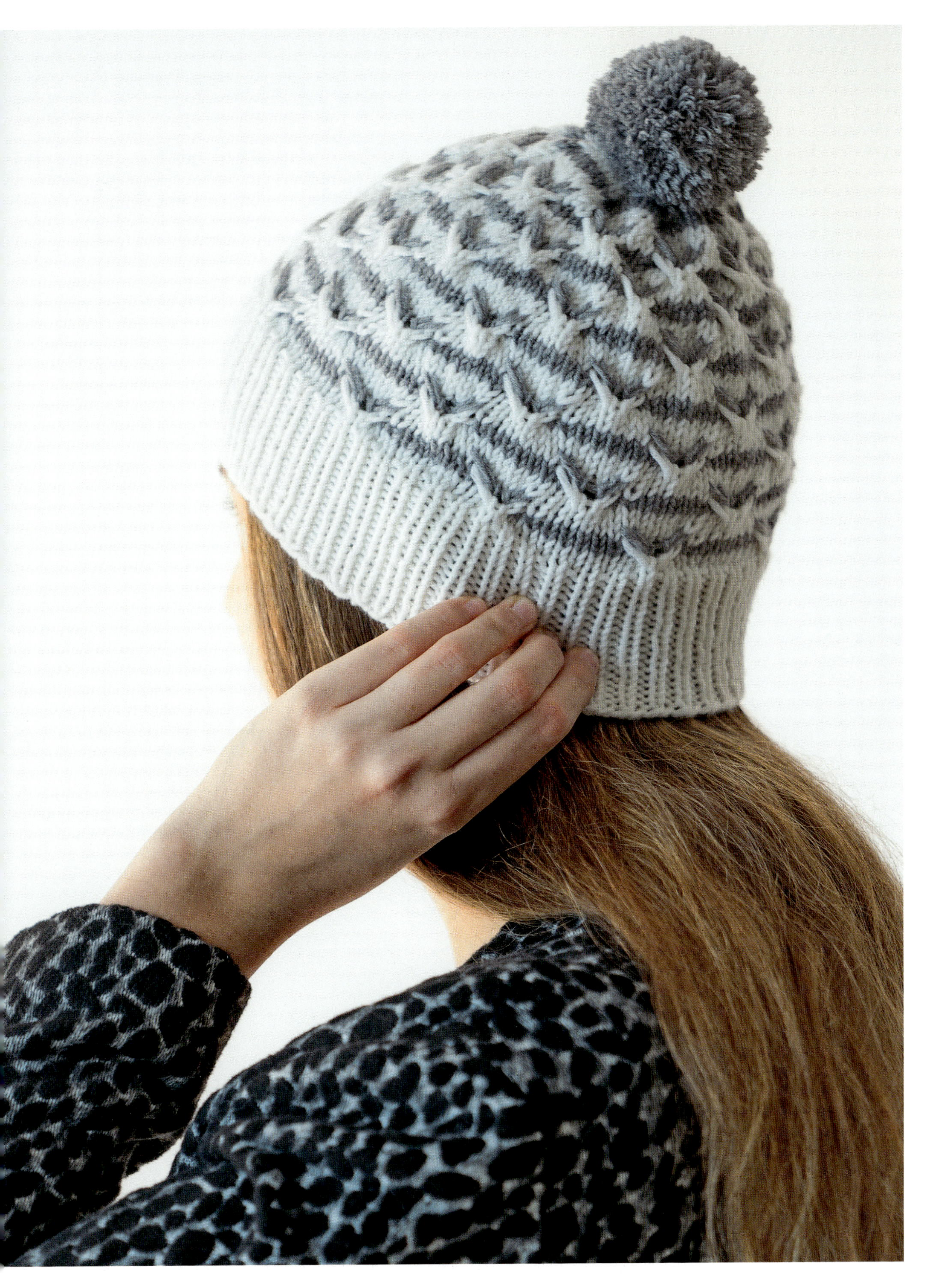

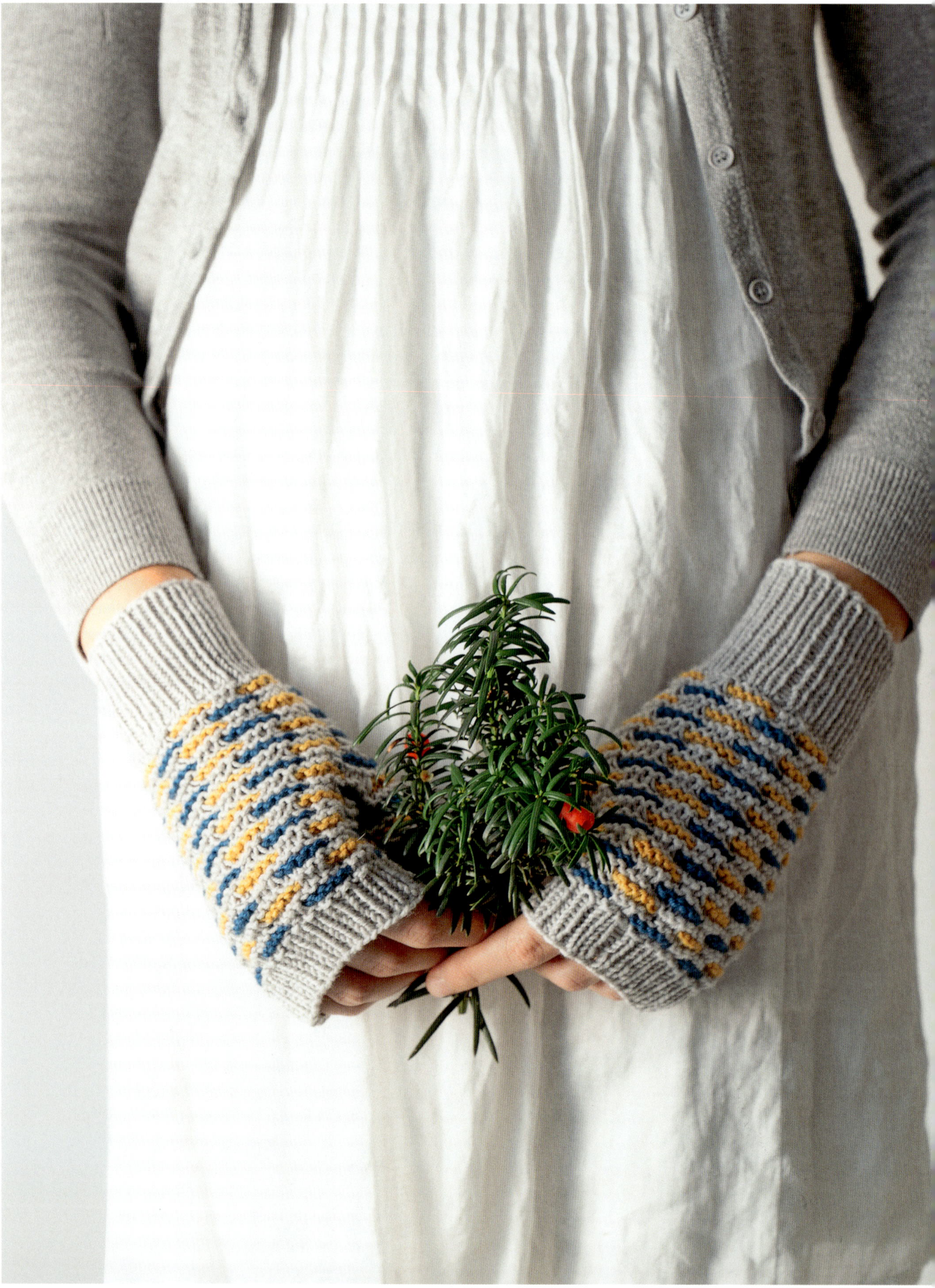

Stulpen

Schwierigkeitsgrad: mittel

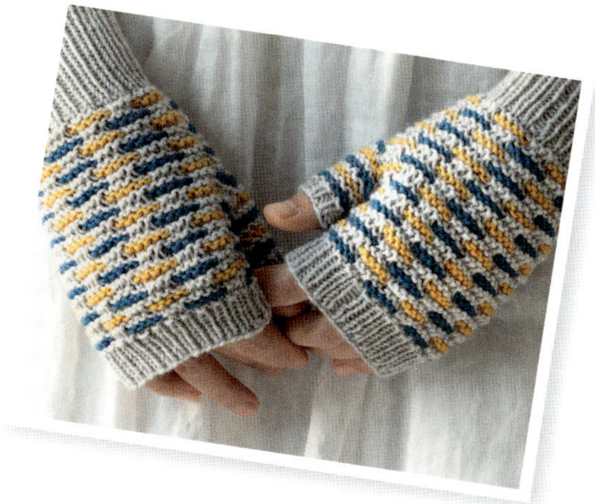

Das dichte Raupenmuster von Seite 32 eignet sich ausgezeichnet für wärmende Accessoires wie diese rundgestrickten Stulpen. Durch diese dreifarbige Farbvariante des Musters erhalten sie einen ganz besonderen Charme.

Größe:

7 (8/9)
Die Angaben für die größeren Größen stehen hintereinander in Klammern. Steht nur eine Angabe, so gilt diese für alle Größen.

Material:

Lana Grossa Cool Wool Mélange (100 % Schurwolle, LL = 160 m/50 g): 50 g Hellgrau meliert (Fb 443) und Cool Wool (100 % Schurwolle, LL = 160 m/50 g): je 50 g Blaupetrol (Fb 2049) und Honiggelb (Fb 2035) von Lana Grossa; je 1 Nadelspiel in 3 mm und 3,5 mm.

Muster:

Kraus rechts in Runden:

1 Rd rechte M, 1 Rd linke M im Wechsel stricken.

Rippenmuster in Runden:

1 M rechts, 1 M links im Wechsel stricken.

Hebemaschenmuster in Runden:

Maschenzahl teilbar durch 8. Nach Strickschrift in Runden arbeiten.
Es sind alle Runden eines Höhenrapports notiert. Die Maschen sind so bezeichnet, wie sie gestrickt werden. Abwechselnde rechts und links notierte Runden ergeben also ein kraus rechts gestricktes Maschenbild.
Den Mustersatz von 8 Maschen zwischen den Pfeilen stets wiederholen. Die 1. – 8. Runde stets wiederholen.

Streifenfolge:

* 2 Runden Hellgrau meliert, 2 Runden Honiggelb, 2 Runden Hellgrau meliert, 2 Runden Blaupetrol, ab * stets wiederholen.

Maschenprobe:

27,5 Maschen und 56 Runden = 10 cm x 10 cm.

So wird's gemacht:

In Hellgrau meliert 48 (56/64) M mit Nadeln in 3 mm anschlagen und die M gleichmäßig auf 4 Nadeln verteilen - 12 (14/16) Maschen pro Nadel. Die M zur Rd schließen, ohne dabei die Anschlagkante zu verdrehen, und den Rundenanfang markieren. Für den Bund 6 cm = 23 Runden im Rippenmuster stricken.
Dann mit Nadeln in 3,5 mm im Hebemaschenmuster in der Streifenfolge weiterarbeiten.
Nach 7 cm = 40 Runden ab Bund für den Daumenkeil die 4. M der 1. Nadel markieren und beidseitig der markierten M je 1 M aus dem Querfaden rechts verschränkt herausstricken = 3 Maschen Daumenkeil. Die folgenden Zunahmen wie folgt stricken: * In der folgenden 2. Rd vor und nach den M des Daumenkeils je 1 M aus dem Querfaden rechts verschränkt herausstricken, ab * 6 (7/8)x arbeiten = 13 (15/17) Daumenkeilmaschen. Die Zahl der Daumenkeilmaschen erhöht sich bei jeder Zunahme um 2 M. Über die M des Daumenkeils kraus rechts in der Streifenfolge stricken. Dann die 13 (15/17) M für den Daumenkeil stilllegen.

Über den stillgelegten M für den Daumensteg 5 M neu anschlagen, alle M wieder zur Rd schließen und 1 Rd stricken, dabei über die 5 M des Stegs kraus rechts stricken.
In der folgenden Rd die 1. StegM mit der M davor rechts überzogen zusammenstricken (= 1 M wie zum Rechtsstricken abheben, 1 M rechts stricken, dann die abgehobene M überziehen) und die letzte StegM mit der M danach rechts zusammenstricken. Diese Abnahmen in jeder Rd auf gleiche Weise arbeiten, sodass sich die M des Stegs jeweils um 2 M reduzieren bis nur noch 1 M übrig ist = 48 (56/64) Maschen. Nun über alle M wieder das Hebemaschenmuster in der Streifenfolge fortsetzen.
Nach 12 cm = 64 Runden ab Bund in Hellgrau meliert mit Nadeln in 3 mm noch 2 cm im Rippenmuster stricken. Dann alle M locker abketten.

Für den Daumen die stillgelegten 13 (15/17) KeilM auf eine Nadel nehmen, 5 M aus dem Steg in Hellgrau meliert auffassen = 18 (20/22) Maschen.

Die M gleichmäßig auf 3 Nadeln verteilen = 6-6-6 (7-7-6 / 8-7-7) Maschen. Kraus rechts in der Streifenfolge stricken. In der folgenden Rd die 1. StegM mit der M davor rechts überzogen zusammenstricken und die letzte StegM mit der M danach rechts zusammenstricken. Diese Abnahmen in jeder Rd auf die gleiche Weise arbeiten, bis nur noch 1 M des Stegs übrig ist = 14 (16/18) Maschen. In Hellgrau meliert am Fingergelenk noch 3 Rd im Rippenmuster stricken, danach alle M locker abketten.

Den 2. Stulpen gegengleich stricken, dazu für den Daumenkeil die 4.-letzte M der 4. Nadel markieren und beidseitig der markierten M je 1 M aus dem Querfaden rechts verschränkt herausstricken. Die übrigen Arbeitsschritte entsprechend arbeiten.

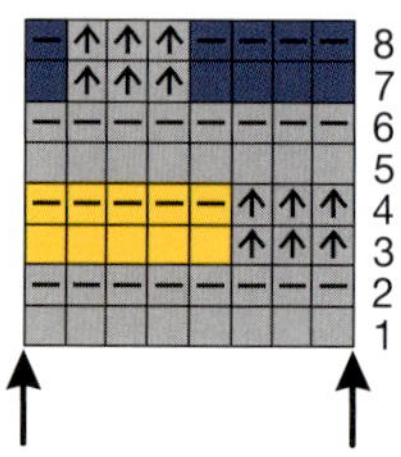

Zeichenerklärung:

☐ = 1 Masche rechts
⊟ = 1 Masche links
↑ = 1 Masche abheben (Faden hinten)

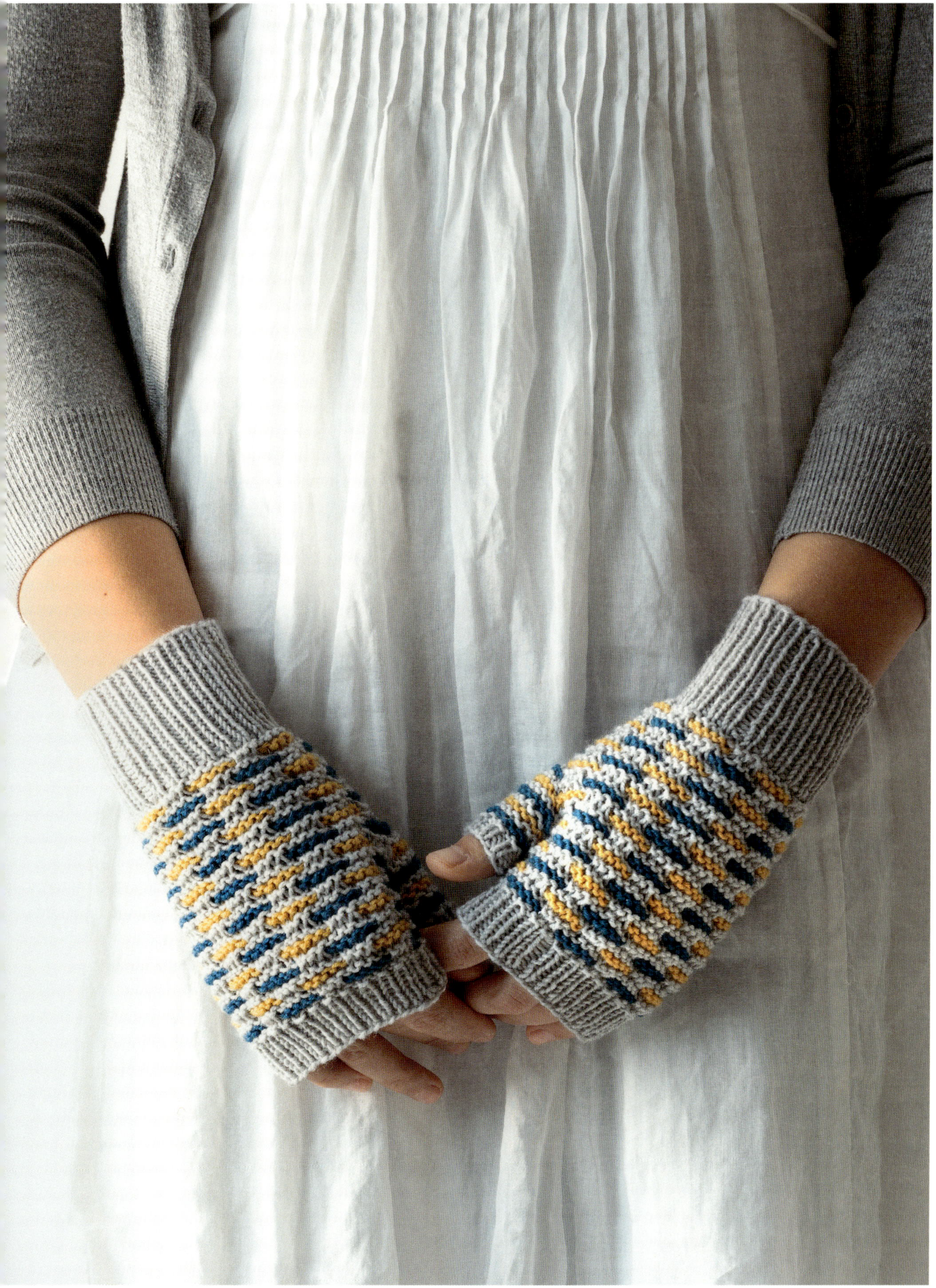

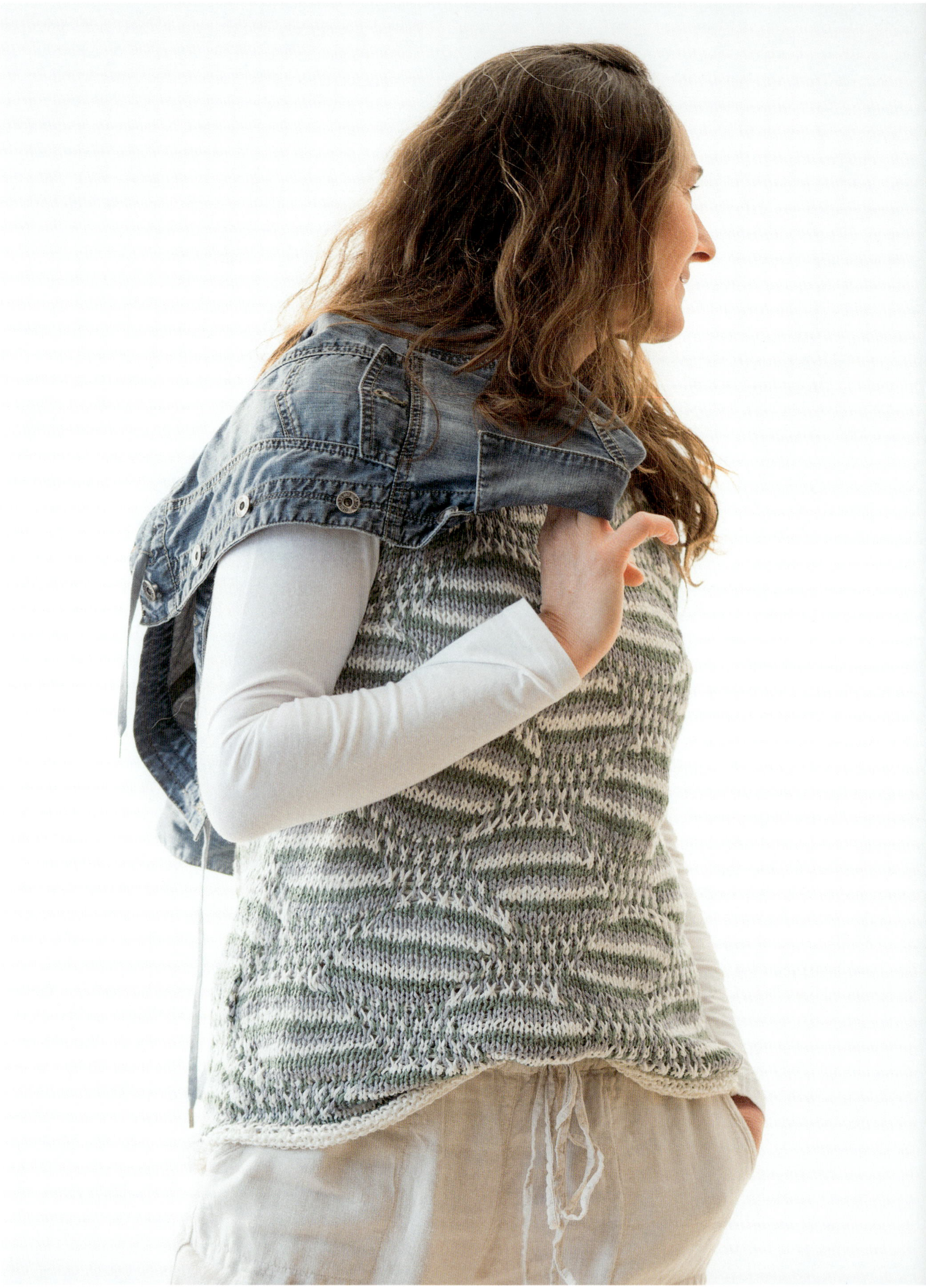

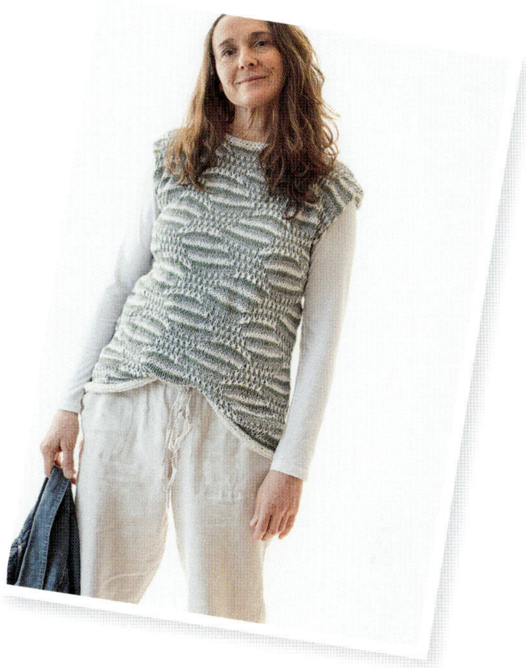

Top

Schwierigkeitsgrad: mittel

Mit dem Kaleidoskop Muster von Seite 40 erzielt man einen derart lebendigen Op-Art-Effekt, dass der Schnitt des Tops ganz bewusst schlicht gehalten werden kann.

Größe:

36, 40/42 und 46/48
Die Angaben für die größeren Größen stehen hintereinander in Klammern. Steht nur eine Angabe, so gilt diese für alle Größen.

Material:

Lana Grossa About Berlin Chilly (100 % Leinen, LL = 95 m/50 g): je 150 (200/250) g Weiß (Fb 14), Grau (Fb 10) und Graugrün (Fb 3) von Lana Grossa; Stricknadeln in 7 mm, Häkelnadel in 6 mm.

Muster:

Kraus rechts:
In Hin- und Rückreihen stets rechte M stricken.

Hebemaschenmuster:
Maschenzahl teilbar durch 28 + 2 Randmaschen. Nach Strickschrift in der Streifenfolge arbeiten.
Es sind alle Hin- und Rückreihen eines Höhenrapports notiert. Die Maschen sind so bezeichnet, wie sie gestrickt werden. In Hinreihen rechts und in Rückreihen links notierte Maschen ergeben also ein glatt rechts gestricktes Maschenbild.Mit der Masche vor dem Mustersatz beginnen, den Mustersatz von 28 Maschen zwischen den Pfeilen stets wiederholen und mit der Masche nach dem Mustersatz enden.
Die 1. - 36. Reihe stets wiederholen.

Streifenfolge:

* 2 R Grau, 2 R Graugrün, 2 R Weiß, ab * stets wiederholen.

Maschenprobe:

18,5 Maschen und 28 Reihen = 10 cm x 10 cm.

So wird's gemacht:

Zunächst werden Vorder- und Rückenteil gestrickt, dann in der angegebenen Reihenfolge die Nähte geschlossen und die Ausschnittkanten umhäkelt.

Rückenteil: In Weiß 86 (114/142) M anschlagen und für den Bund 3,5 cm = 11 Reihen kraus rechts stricken, dabei mit 1 RückR beginnen. Dann im Hebemaschenmuster in der Streifenfolge weiterarbeiten. Nach 58,5 (60,5/62,5) cm = 164 (170/176) Reihen ab Bund alle M abketten.

Vorderteil: Wie das Rückenteil stricken.

Fertigstellung: Die Schulter- und Seitennnähte schließen. Den Halsausschnitt und die Armausschnitte je mit 1 Rd fester M in Weiß umhäkeln.

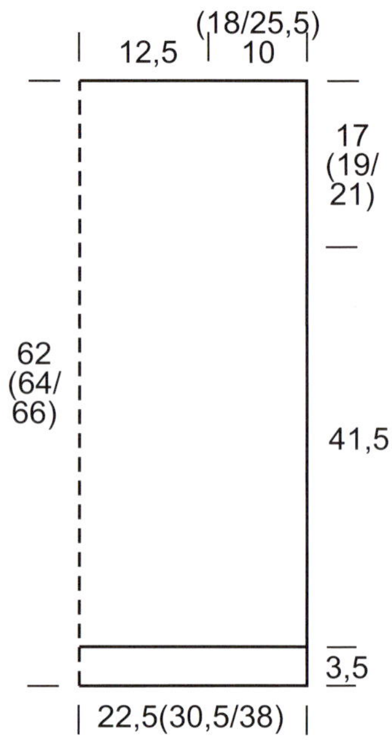

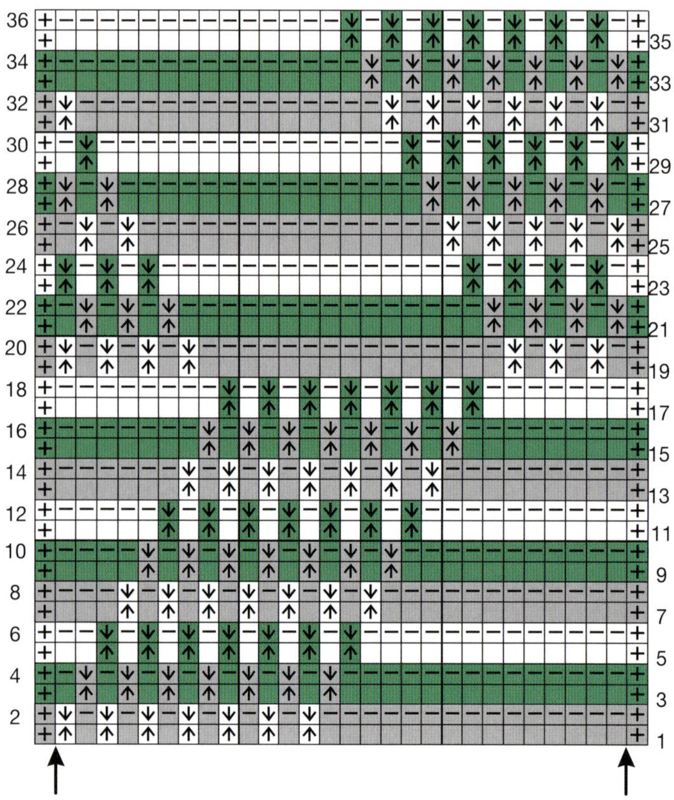

Zeichenerklärung:

- [+] = Randmasche
- [ ] = 1 Masche rechts
- [–] = 1 Masche links
- [↓] = 1 Masche abheben (Faden vor der Arbeit)
- [↑] = 1 Masche abheben (Faden hinter der Arbeit)

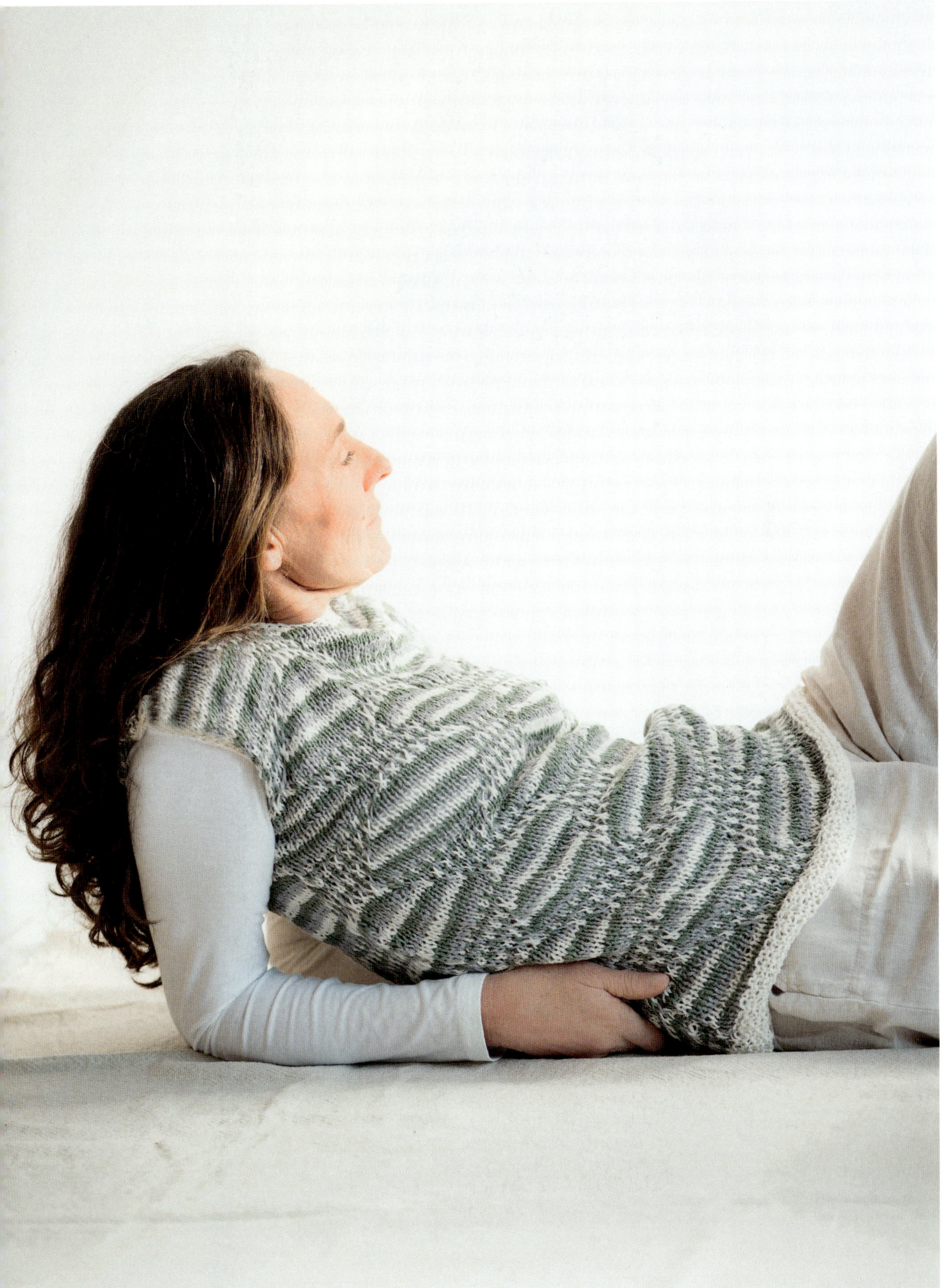

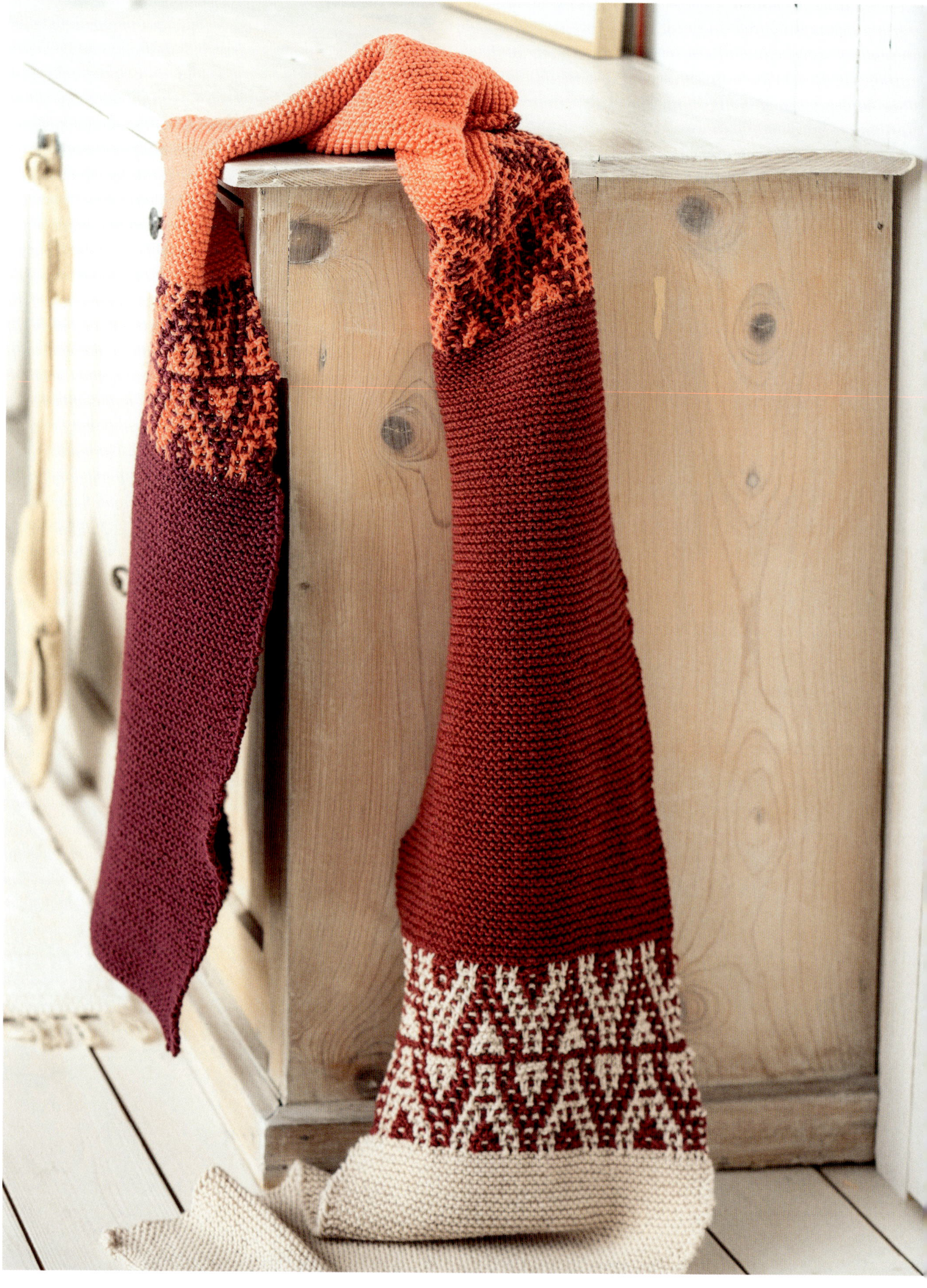

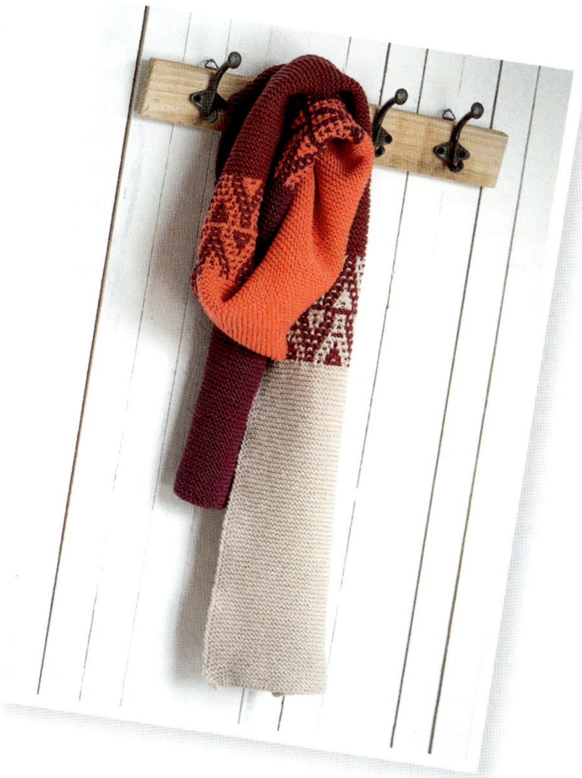

Schal

Schwierigkeitsgrad: mittel

Bei diesem warmen, kraus rechts gestrickten Schal wechseln sich einzelne Farbblöcke mit dem spannenden Positiv-Negativ Muster von Seite 21 ab. Das Muster schafft dabei mit seiner Musterwiederholung mit vertauschten Farben einen schönen Übergang zwischen den benachbarten Farbstreifen.

Größe:

26 cm x 200 cm

Material:

ONline Linie 110 Timona (60 % Schurwolle, 40 % Polyacryl, LL = 120 m/50 g): je 150 g Dunkelrot (Fb 212) und Koralle (Fb 63) und je 100 g Beige (Fb 204) und Bordeaux (Fb 78) von Online; Stricknadeln in 4,5 mm.

Muster:

Kraus rechts:
In Hin- und Rückreihen stets rechte M stricken.

Hebemaschenmuster:
Maschenzahl teilbar durch 14 + 3 + 2 Randmaschen. Nach Strickschrift arbeiten. Die jeweilige Streifenfolge wird im Anleitungstext angegeben. Sie ändert sich zwischen den einzelnen Farbstreifen. In der Strickschrift sind alle Hin- und Rückreihe gezeichnet.
In Hin- und Rückreihen rechts notierte Maschen ergeben also ein kraus rechts gestricktes Maschenbild. Mit der Masche vor dem Mustersatz beginnen, den Mustersatz von 14 Maschen zwischen den Pfeilen stets wiederholen und mit den Maschen nach dem Mustersatz enden. Einmal die 1. – 58. Reihe arbeiten.

Maschenprobe:

Kraus rechts: 20,5 Maschen und 39 Reihen = 10 cm x 10 cm.

Hebemaschenmuster: 23,5 Maschen und 58 Reihen = 10 cm x 25 cm.

So wird's gemacht:

In Beige 53 M anschlagen und 139 R kraus rechts stricken, die 1. R ist dabei eine RückR. In der letzten Reihe, ebenfalls einer RückR, gleichmäßig verteilt 8 M zunehmen. Dann 58 Reihen im Hebemaschenmuster arbeiten, dabei je 2 R in Dunkelrot und 2 R in Beige abwechseln. Die ersten und letzten beiden R der Strickschrift werden jeweils mit Dunkelrot gearbeitet.

140 Reihen kraus rechts in Dunkelrot stricken, dabei in der 1. R gleichmäßig verteilt 8 M abnehmen und in der letzten R gleichmäßig verteilt 8 M wieder zunehmen. Dann 58 R im Hebemaschenmuster arbeiten, dabei je 2 R in Koralle und 2 R in Dunkelrot abwechseln. Die ersten und letzten beiden R der Strickschrift werden jeweils mit Koralle gearbeitet.

140 Reihen kraus rechts in Koralle stricken, dabei in der 1. R gleichmäßig verteilt 8 M abnehmen und in der letzten R gleichmäßig verteilt 8 M wieder zunehmen. Dann 58 R im Hebemaschenmuster arbeiten, dabei je 2 R in Bordeaux und 2 R in Koralle abwechseln. Die ersten und letzten beiden R der Strickschrift werden jeweils mit Bordeaux gearbeitet.

140 Reihen kraus rechts in Bordeaux stricken, dabei in der 1. Reihe gleichmäßig verteilt 8 M abnehmen. Dann alle M locker abketten.

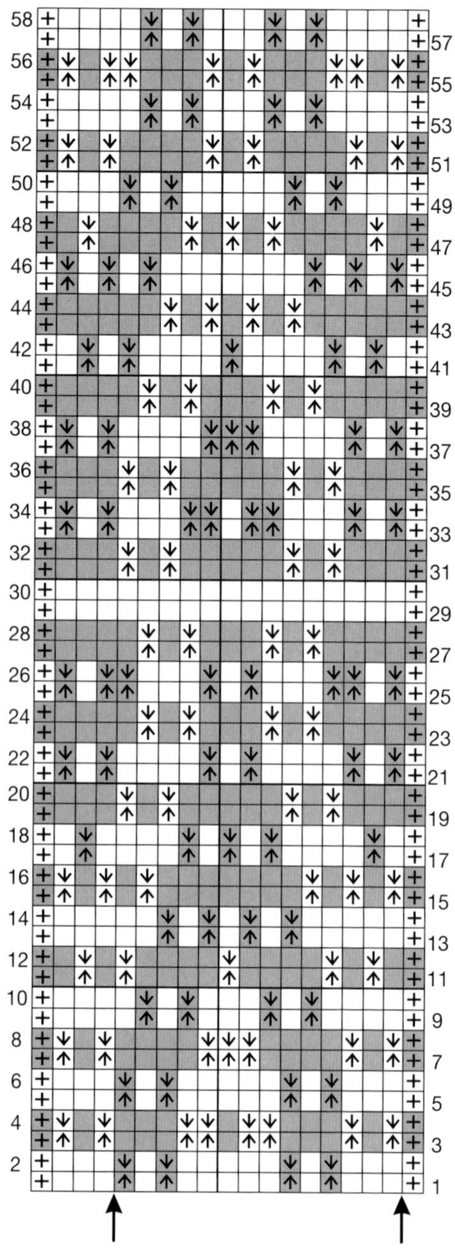

Zeichenerklärung:

- + = 1 Randmasche
- □ = 1 Masche rechts
- ↑ = 1 Masche abheben (Faden hinter der Arbeit)
- ↓ = 1 Masche abheben (Faden vor der Arbeit)

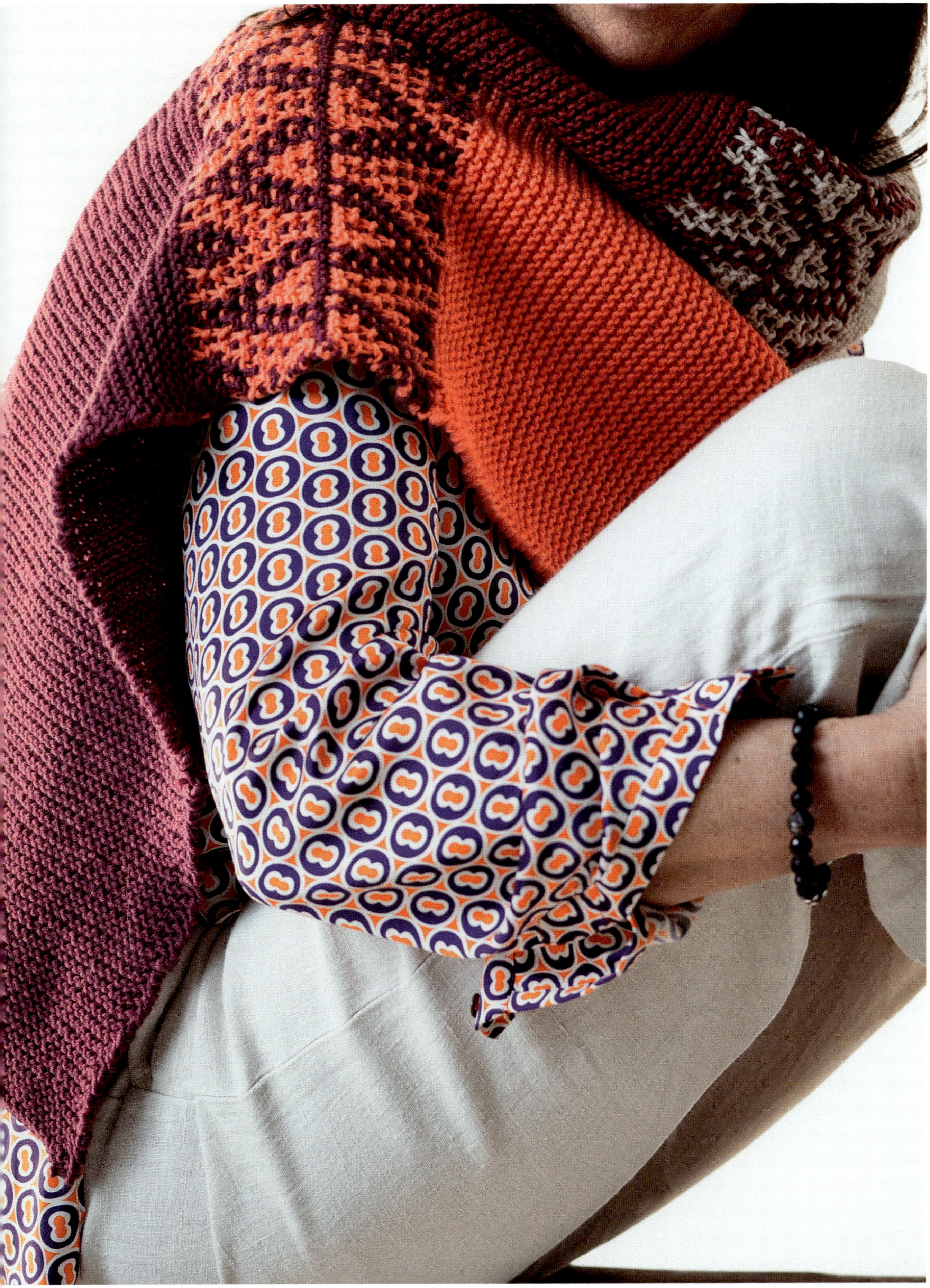

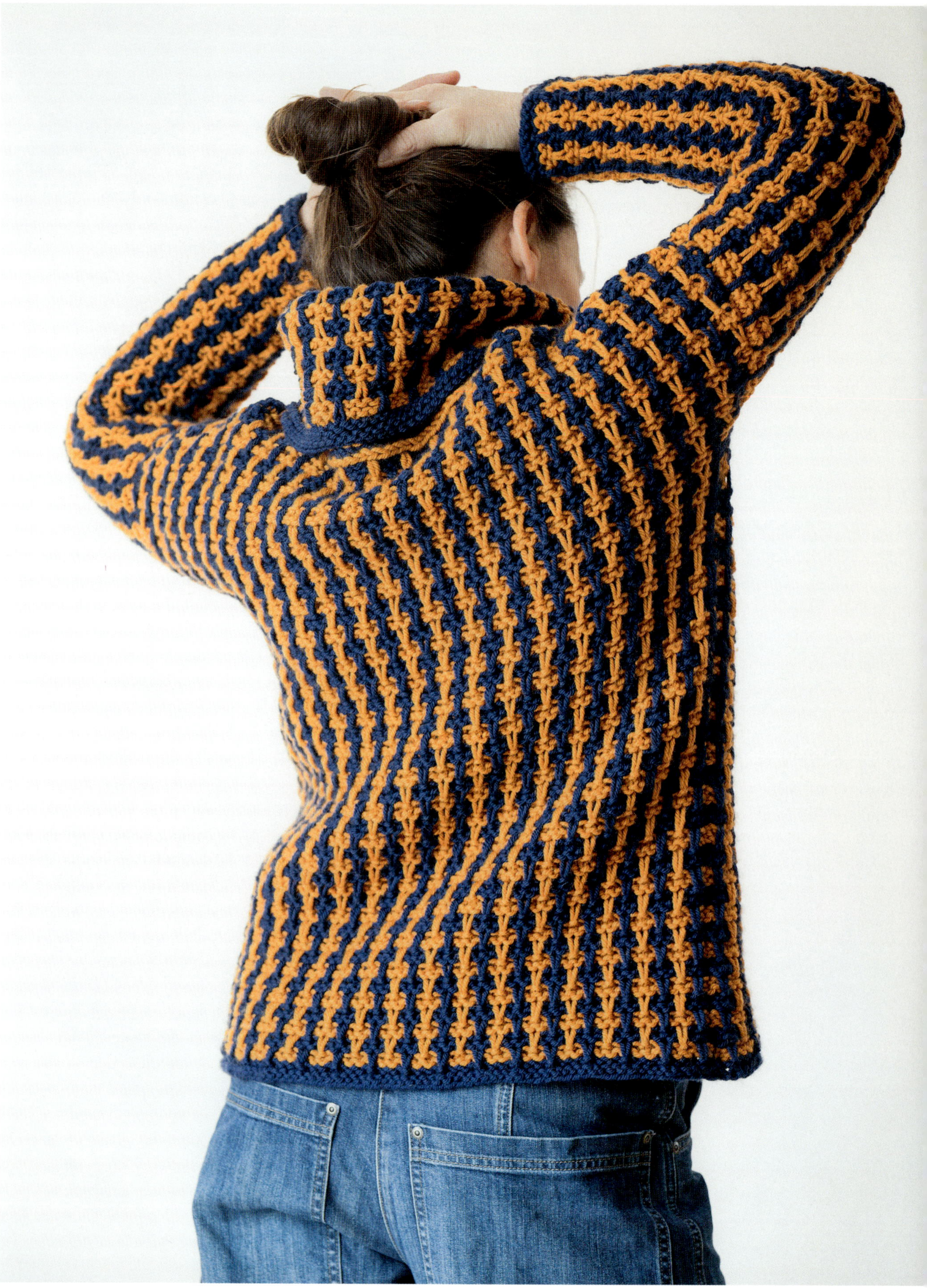

Strukturpulli

Schwierigkeitsgrad: mittel

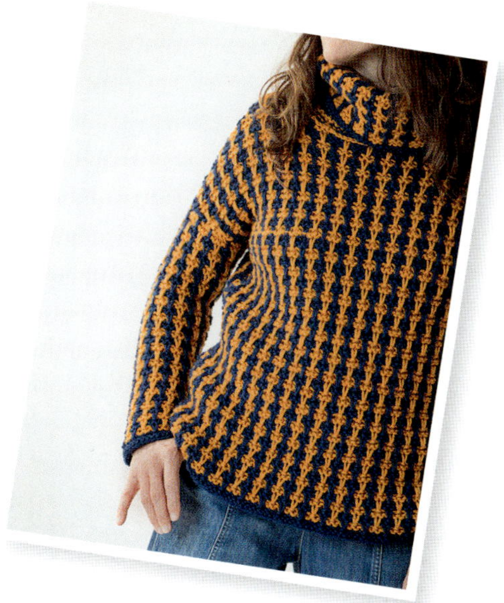

Dieser Pullover im grobgestrickten Tröpfchenmuster von Seite 30 zeigt, wie überraschend plastisch und ausdrucksstark dieses kleine und fast unscheinbare Hebemaschenmuster wird, wenn man es mit dicker Wolle und Nadel strickt.

Größe:

36/38, 40/42 und 44/46
Die Angaben für die größeren Größen stehen hintereinander in Klammern. Steht nur eine Angabe, so gilt diese für alle Größen.

Material:

Buttinette Woll Butt Ida (80 % Schurwolle, 20 % Polyacryl, LL = 60 m/50 g): 550 (600/650) g Marine (Fb 52.264.76) und 500 (550/600) g Curry (Fb 52.271.71); Stricknadeln in 7 mm, eine 40 cm lange Rundstricknadel in 7 mm.

Muster:

Kraus rechts:

In Hin- und Rückreihen: stets rechte M stricken; in Runden: abwechselnd 1 Runde rechte M, 1 Runde linke M stricken.

Hebemaschenmuster in Reihen:

Maschenzahl teilbar durch 4 + 3 + 2 Randmaschen. Nach Strickschrift A in der Streifenfolge arbeiten.
Es sind alle Hin- und Rückreihen eines Höhenrapports notiert. Die Maschen sind so bezeichnet, wie sie gestrickt werden. In Hin- und Rückreihen rechts notierte Maschen ergeben also ein kraus rechts gestricktes Maschenbild.
Mit den Maschen vor dem Mustersatz beginnen, den Mustersatz von 4 Maschen zwischen den Pfeilen stets wiederholen und mit den Maschen nach dem Mustersatz enden.
Die 1. - 8. Reihe stets wiederholen.

Hebemaschenmuster in Runden:

Maschenzahl teilbar durch 4. Nach Strickschrift B in der Streifenfolge arbeiten.
Es sind alle Runden eines Höhenrapportes notiert. Die Maschen sind so bezeichnet, wie sie gestrickt werden. Den Mustersatz von 4 Maschen zwischen den Pfeilen stets wiederholen.
Die 1. - 8. Runde stets wiederholen.

Streifenfolge:

* 4 R/Rd Curry, 4 R/Rd Marine, ab * stets wiederholen.

Maschenprobe:

Kraus rechts im Hebemaschenmuster: 16,5 Maschen und 31 Reihen/Runden = 10 cm x 10 cm.

So wird's gemacht:

Zunächst werden alle einzelnen Teile gestrickt, dann in der angegebenen Reihenfolge die Nähte geschlossen und der Kragen angestrickt.

Rückenteil: In Marine 81 (97/113) M anschlagen und 3 R kraus rechts stricken. Die 1. R ist dabei eine RückR. Dann im Hebemaschenmuster nach Strickschrift A in der Streifenfolge weiterarbeiten. In 39 cm Gesamthöhe = 120 R ab Anschlag für die überschnittenen Schultern beidseitig 1x 1 M, dann je nach Größe 7x in jeder 6. R (2x in jeder 8. R und 5x in jeder 6. R / 5x in jeder 8. R und 2x in jeder 6. R) je 1 Masche zunehmen = 97 (113/129) Maschen. Noch 4 (6/6) R gerade hochstricken.
In 54 (56/58) cm Gesamthöhe = 168 (174/180) R ab Anschlag für die Schulterschrägen beidseitig 1x 4 (3/4) M und dann in jeder 2. R je nach Größe noch 9x je 3 M (9x je 4 M / 2x je 4 M und noch 7x je 5 M) abketten. Gleichzeitig in 59 (61/63) cm Gesamthöhe = 184 (190/196) R ab Anschlag für den Halsausschnitt die mittleren 31 M abketten und beide Seiten getrennt beenden. Für die Ausschnittrundung am inneren Rand in der folgenden 2. R 1x 2 M abketten. Die andere Seite gegengleich beenden.

Vorderteil: Wie das Rückenteil stricken, jedoch für den tieferen Halsausschnitt schon in 58 (60/62) cm Gesamthöhe = 180 (186/192) R ab Anschlag die mittleren 23 M abketten und beide Seiten getrennt beenden. Für die Ausschnittrundung am inneren Rand in jeder 2. R 1x 3 M, dann 1x 2 M und noch 1x 1 M abketten.

Ärmel: In Marine 37 (41/45) M anschlagen und 3 R kraus rechts stricken. Die 1. R ist dabei eine RückR. Dann im Hebemaschenmuster nach Strickschrift A in der Streifenfolge weiterarbeiten. Für die Ärmelschrägen je nach Größe beidseitig 6x in jeder 16. R und noch 1x in der 14. R (8x in jeder 14. R / 2x in jeder 14. R und noch 7x in jeder 12. R) je 1 M zunehmen = 51 (57/63) Maschen. Das Hebemaschenmuster dabei über die zugenommenen M fortsetzen.
In 40 cm Gesamthöhe = 124 R ab Anschlag alle M locker abketten. Den 2. Ärmel ebenso arbeiten.

Fertigstellung: Die Schulternähte schließen. Mit der Rundstricknadel in Marine 92 M von innen aus dem Halsausschnitt auffassen und 2 Rd kraus rechts, dann 68 Rd im Hebemaschenmuster nach Strickschrift B in der Streifenfolge und schließlich noch einmal 4 Rd kraus rechts in Marine stricken. Dann alle M locker abketten. Die Ärmel einsetzen und die Ärmel- und Seitennähte schließen.

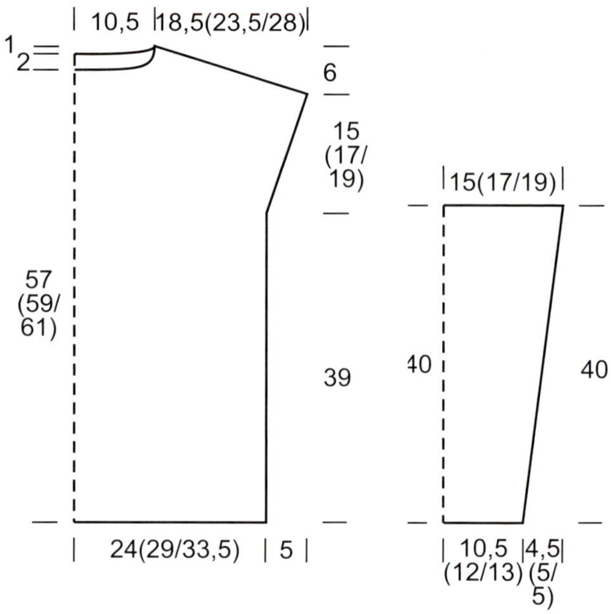

Hebemaschenmuster A

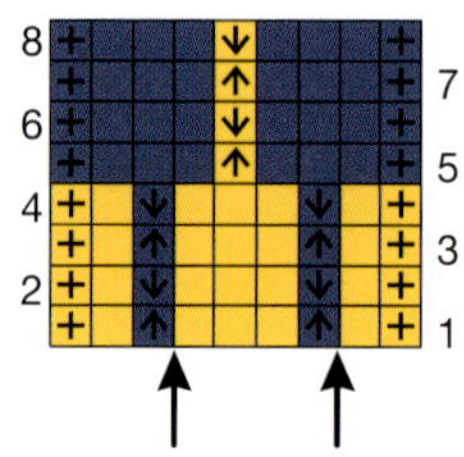

Hebemaschenmuster B

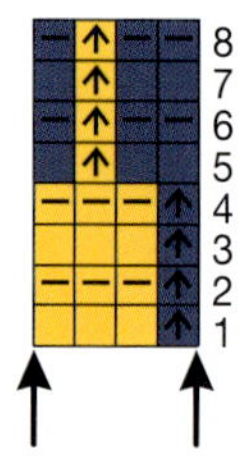

Zeichenerklärung:

⊞ = Randmasche
☐ = 1 Masche rechts
⊟ = 1 Masche links
↓ = 1 Masche abheben (Faden vor der Arbeit)
↑ = 1 Masche abheben (Faden hinter der Arbeit)

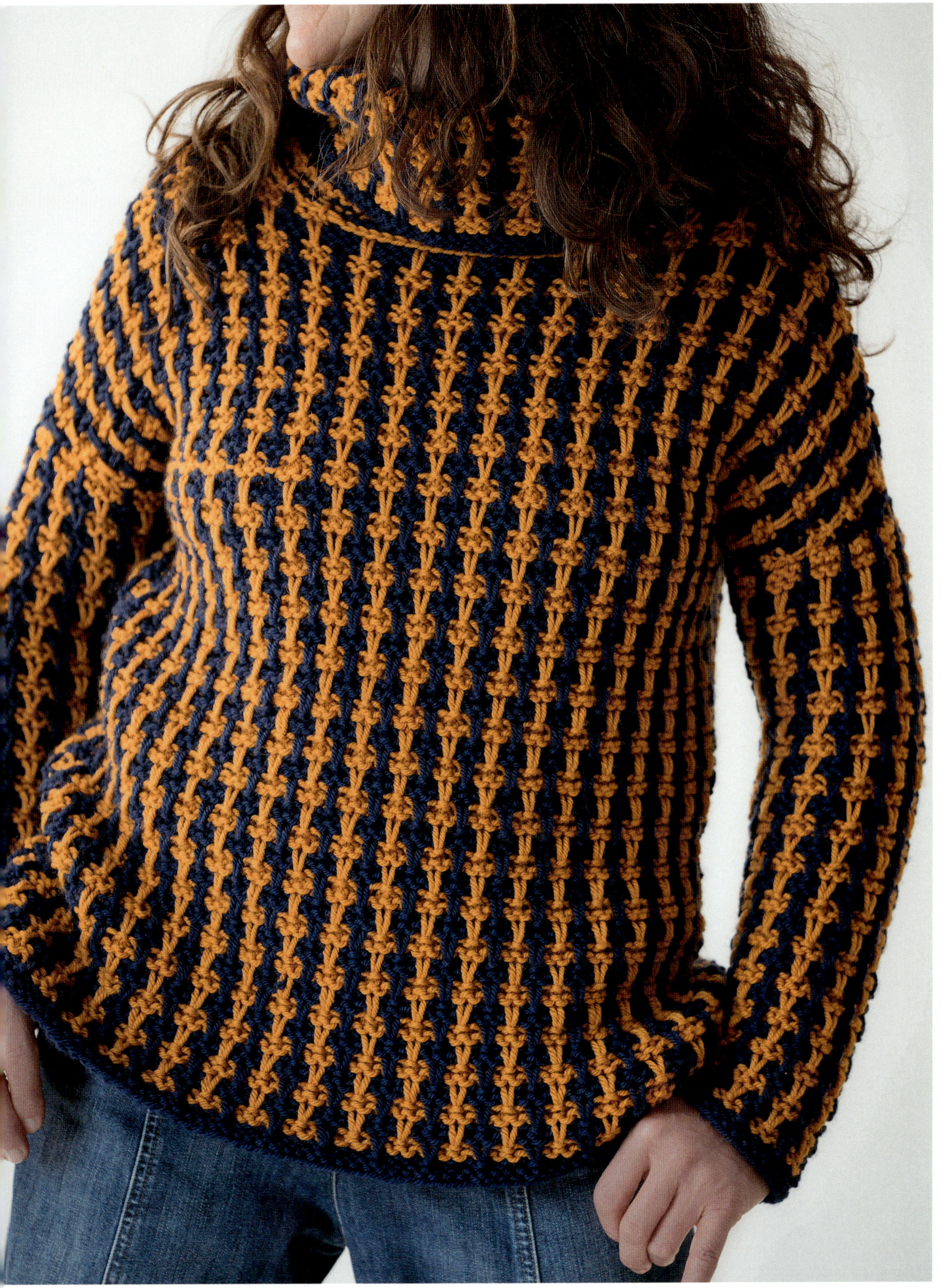

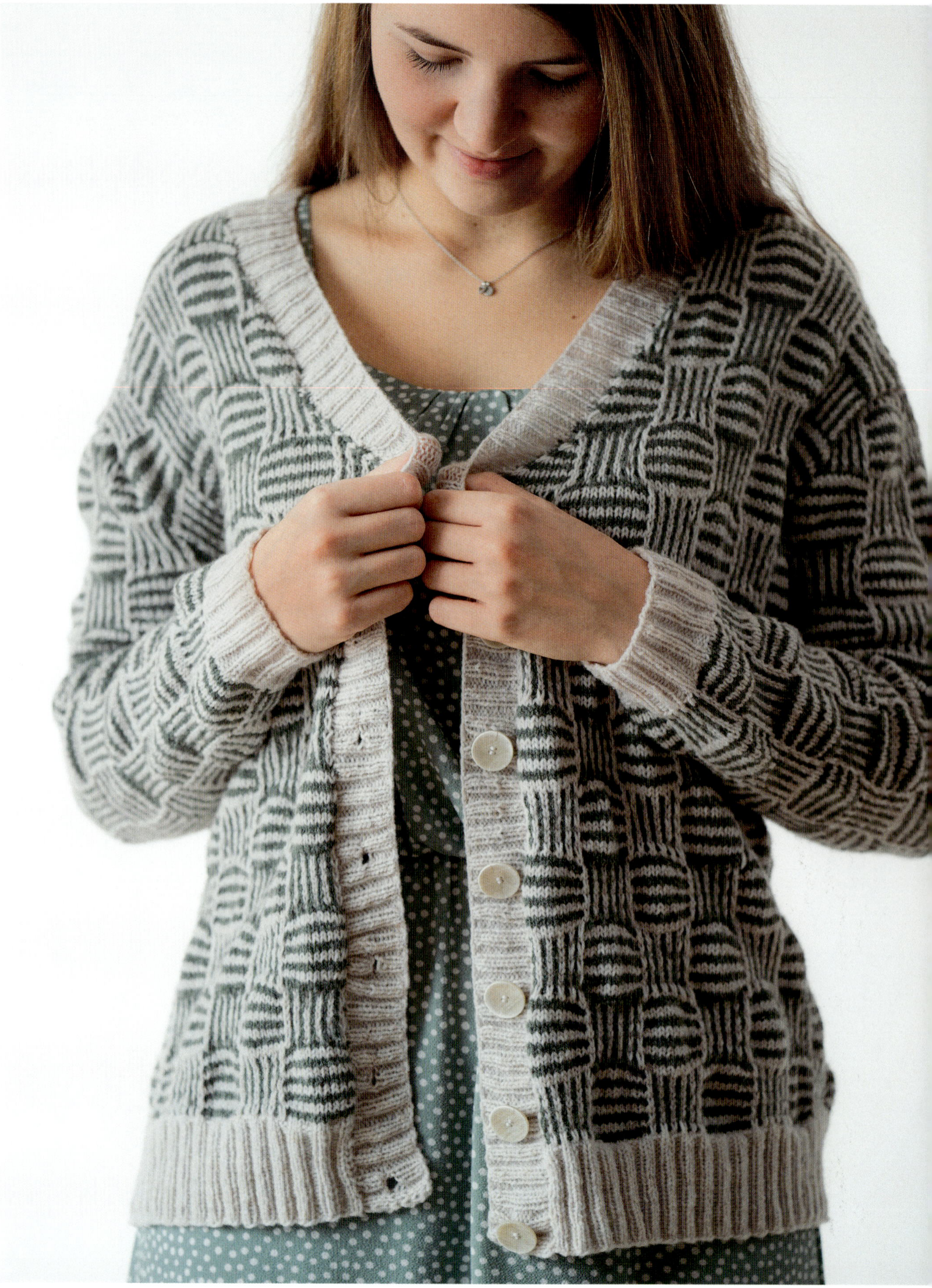

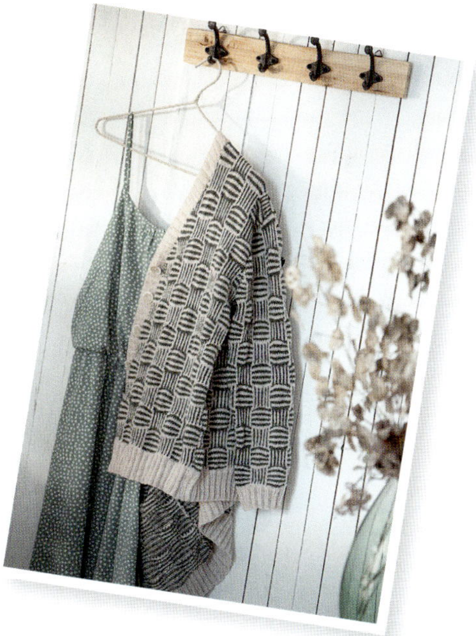

Cardigan

Schwierigkeitsgrad: mittel

Diese Strickjacke hat mit ihrem interessanten Schachbrettmuster von Seite 38 das Zeug zu einem echten Lieblingsteil und ist durch den schlichten Schnitt auch besonders gut zu verschiedenen Stilen kombinierbar.

Größe:

36/38, 40/42 und 44/46
Die Angaben für die größeren Größen stehen hintereinander in Klammern. Steht nur eine Angabe, so gilt diese für alle Größen.

Material:

Lana Grossa Cashmere 16 fine (80 % Schurwolle, 10 % Kaschmir, 10 % Polyamid, LL = 320 m/ 50 g): 200 (250/300) g Muschel (Fb 36) und 150 (200/250) g Graugrün (Fb 34); Stricknadeln in 4,5 mm und 5 mm, eine 80 cm lange Rundstricknadel in 4,5 mm; 7 Knöpfe mit 23 mm Durchmesser.

Muster:

Rippenmuster:
2 M rechts, 2 M links im Wechsel stricken.

Hebemaschenmuster:
Maschenzahl teilbar durch 22 + 2 Randmaschen. Nach der Strickschrift in der Streifenfolge arbeiten.
Es sind alle Hin- und Rückreihen eines Höhenrapportes notiert. Die Maschen sind so bezeichnet, wie sie gestrickt werden. In Hinreihen rechts und in Rückreihen links notierte Maschen ergeben also ein glatt rechts gestricktes Maschenbild.

Mit den Maschen vor dem Mustersatz beginnen, den Mustersatz von 22 Maschen zwischen den beiden äußeren Pfeilen stets wiederholen und mit der Maschen nach dem Mustersatz enden. Die 1. – 36. Reihe stets wiederholen. Der Pfeil a dient in der Strickschrift als Markierung, auf die die Anleitung an mehreren Stellen verweist. Er kennzeichnet keinen Mustersatz.

Streifenfolge:

* 2 R Graugrün, 2 R Muschel, ab * stets wiederholen.

Maschenprobe:

28 Maschen und 44 Reihen = 10 cm x 10 cm.

So wird's gemacht:

Zunächst werden alle einzelnen Teile gestrickt, dann in der angegebenen Reihenfolge die Nähte geschlossen, die Blende angestrickt und die Knöpfe angenäht.

Rückenteil: In Muschel 154 (178/198) M mit Nadeln in 4,5 mm anschlagen und 6 cm = 25 Reihen im Rippenmuster stricken, dabei in der 1. R = RückR nach der RandM mit 1 M links, 2 M rechts, 2 M links beginnen und gegengleich enden. In der letzten RückR des Bündchens beidseitig je 1 (0/1) M zunehmen = 156 (178/200) Maschen.

Dann mit Nadeln in 5 mm im Hebemaschenmuster in der Streifenfolge weiterarbeiten. Nach 37,5 cm = 166 Reihen ab Bund für die Armausschnitte beidseitig 1x 3 M, dann in jeder 2. R 2x je 2 M, 3x je 1 M und in der folgenden 4. R noch 1x 1 M abketten = 134 (156/178) Maschen. Über alle M weiter im Muster stricken.
Nach 17,5 (19,5/21,5) cm = 78 (86/94) Reihen ab Armausschnittbeginn für die Schulterschrägen beidseitig 1x 8 (11/13) M und in jeder 2. Reihe je nach Größe noch 4x je 8 M (4x je 10 M / 1x 13 M und 3x je 12 M) abketten.
Gleichzeitig mit Beginn der Schulterschrägen für den Halsausschnitt die mittleren 42 M abketten und beide Seiten getrennt beenden. Für die Ausschnittrundung am inneren Rand in jeder 2. R noch 1x 3 M, dann 1x 2 M und noch 1x 1 M abketten. Die andere Seite gegengleich beenden.

Linkes Vorderteil: In Muschel 79 (87/99) M mit Nadeln in 4,5 mm anschlagen und 6 cm = 25 Reihen im Rippenmuster stricken, dabei in der 1. R = RückR nach der RandM mit 2 M links, 2 M rechts beginnen und mit 1 M links enden. In der letzten RückR des Bündchens gleichmäßig verteilt 0 (3/2) M zunehmen = 79 (90/101) Maschen.

Dann mit Nadeln in 5 mm im Hebemaschenmuster in der Streifenfolge weiterarbeiten, dabei für Größe 36/38 und 44/46 vor der RandM bei Pfeil a enden.
Nach 37,5 cm = 166 Reihen ab Bund für den Armausschnitt am rechten Rand 1x 3 M, dann in jeder 2. R noch 2x je 2 M, 3x je 1 M und in der folgenden 4. R noch 1x 1 M abketten.
Gleichzeitig für die Ausschnittschräge nach 35,5 (37,5/39,5) cm = 156 (166/174) Reihen ab Bund am linken Rand 1x 1 M, dann in jeder 2. R 9x je 1 M und in jeder 4. R 18x je 1 M abketten.
Nach 17,5 (19,5/21,5) cm = 78 (86/94) Reihen ab Armausschnittbeginn für die Schulterschräge am rechten Rand 1x 8 (11/13) M und in jeder 2. R je nach Größe noch 4x je 8 M (4x je 10 M / 1x 13 M und noch 3x je 12 M) abketten.

Rechtes Vorderteil: Wie das linke Vorderteil arbeiten, jedoch gegengleich stricken. Dafür in der 1. R = RückR mit 1 M links, 2 M rechts, 2 M links beginnen und mit 2 M links enden und das Hebemaschenmuster für Größe 36/38 und 44/46 nach der RandM bei Pfeil a beginnen.

Ärmel: In Muschel 58 (62/70) M mit Nadeln in 4,5 mm anschlagen und 4,5 cm = 19 Reihen im Rippenmuster stricken, dabei in der 1. R = RückR nach der RandM mit 1 M links, 2 M rechts, 2 M links beginnen und gegengleich enden. In der letzten RückR des Bündchens gleichmäßig verteilt 10 (6/20) M zunehmen = 68 (68/90) Maschen.

Dann mit Nadeln in 5 mm im Hebemaschenmuster in der Streifenfolge weiterarbeiten. Für die Ärmelschrägen beidseitig 1x in der 13. (11./13.) R ab Bund und je nach Größe noch 12x in jeder 12. R (2x in jeder 10. R und 16x in jeder 8. R / 12x in jeder 12. R) je 1 M zunehmen = 94 (106/116) Maschen. Über die zugenommenen M das Hebemaschenmuster fortsetzen.
Nach 37,5 cm = 166 Reihen ab Bund für die Armkugel beidseitig 1x 3 M abketten, dann in jeder 2. R erst 2x je 2 M, dann 3x 1 M, dann in jeder 4. R 7x 1 M und schließlich wieder in jeder 2. R 3x 1 M, 2x je 2 M und 1x 3 M abketten.
Nach 13 cm = 52 Reihen ab Beginn der Armkugel die restlichen 40 (52/62) M abketten.
Den 2. Ärmel ebenso arbeiten.

Fertigstellung: Die Schulternähte schließen. In Muschel aus den Verschlussrändern, den Ausschnittschrägen der Vorderteile und dem rückwärtigen Halsausschnitt insgesamt 456 M mit der Rundstricknadel in 4,5 mm auffassen und 4 cm = 15 Reihen im Rippenmuster stricken, dabei nach 2 cm = 7 Reihen in die Blende des rechten Vorderteils gleichmäßig verteilt 7 Knopflöcher arbeiten (= 2 M abketten und in der folgenden Rückreihe wieder dazu anschlagen). Dann alle M locker abketten. Die Ärmel einsetzen und die Ärmel- und Seitennähte schließen. Die Knöpfe auf gleicher Höhe der Knopflöcher annähen.

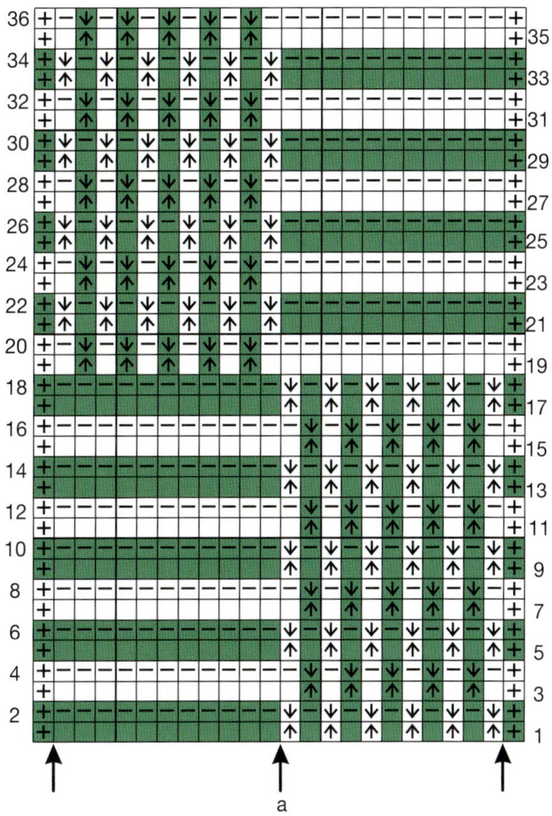

Zeichenerklärung:

[+] = Randmasche
[ ] = 1 Masche rechts
[–] = 1 Masche links
[↓] = 1 Masche abheben (Faden vor der Arbeit)
[↑] = 1 Masche abheben (Faden hinter der Arbeit)

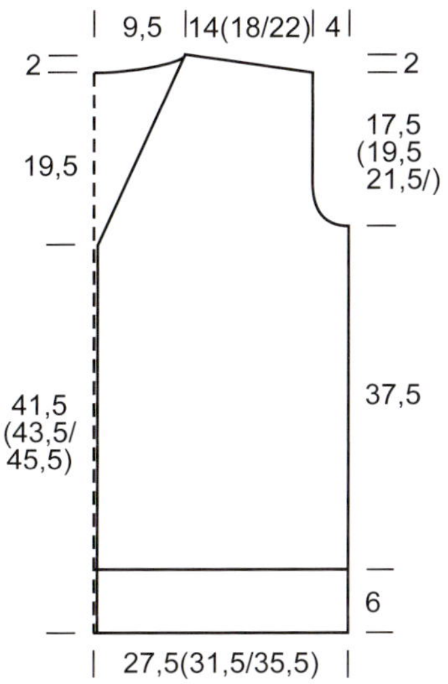

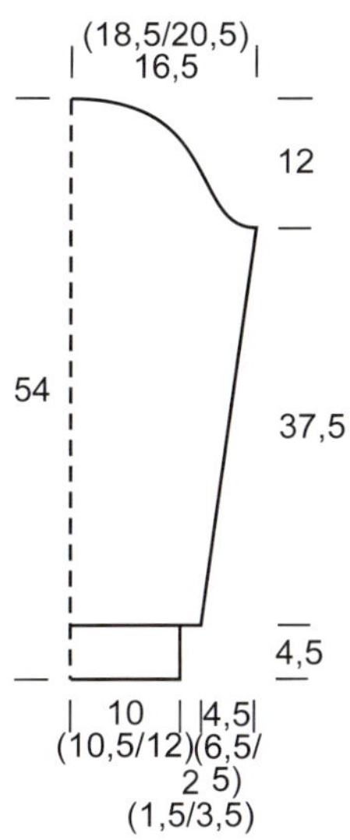

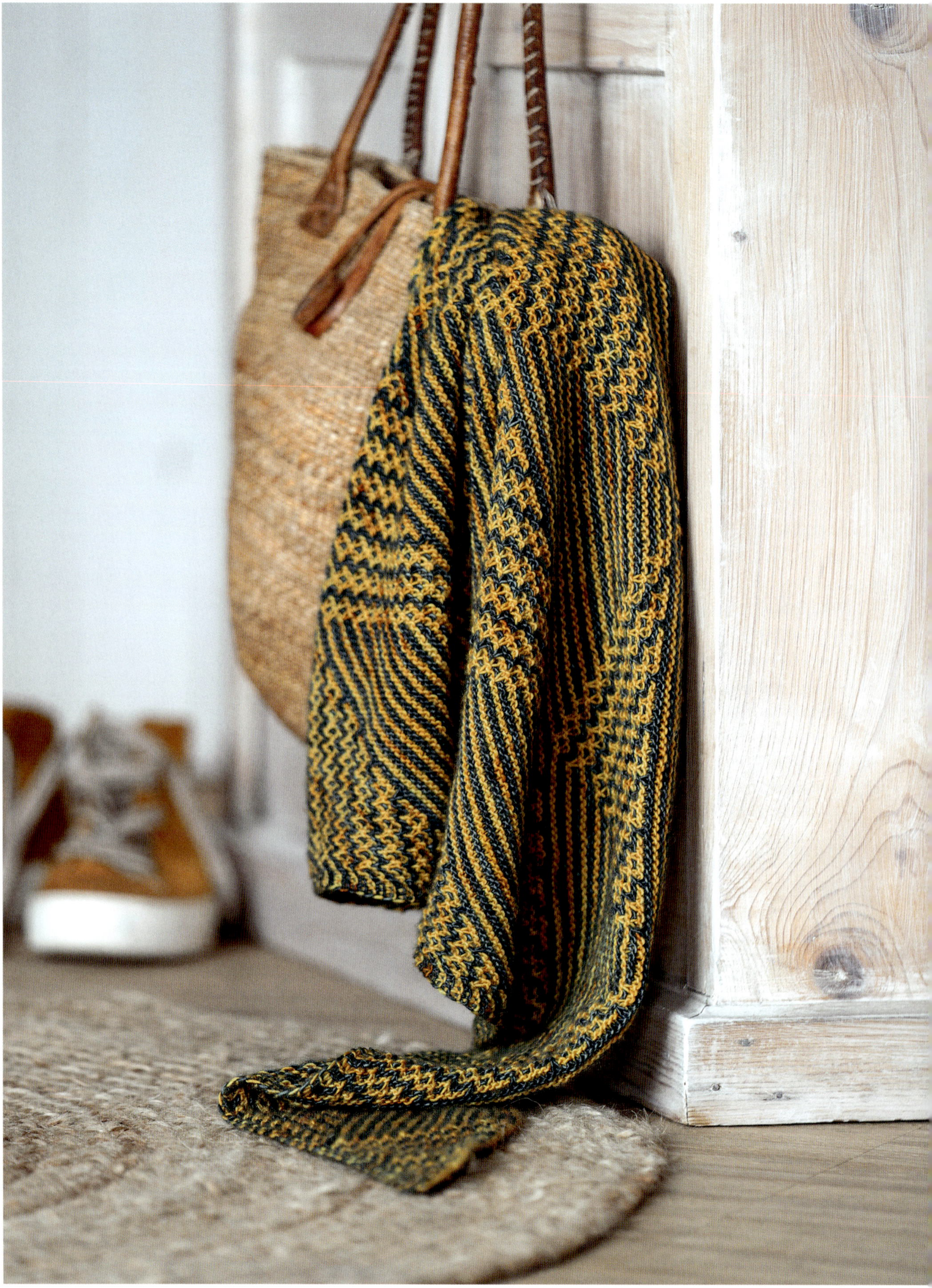

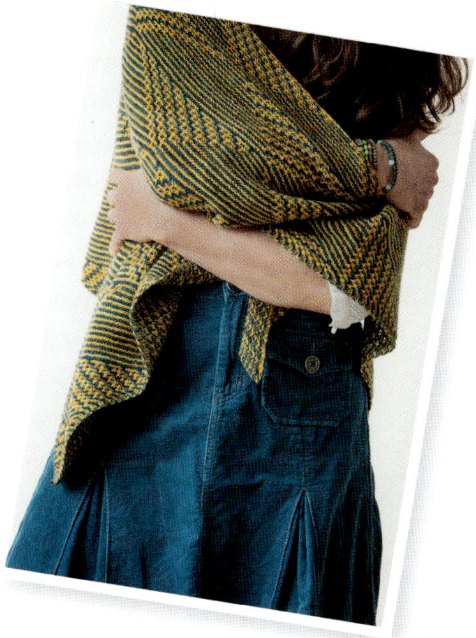

Dreieckstuch Scala

Schwierigkeitsgrad: mittel

Bei diesem schicken Dreieckstuch entstehen ganz neue Mustereffekte, wenn man das Scalamuster von Seite 26 und Seite 28 in seiner einfachen und seiner gespiegelten Variante auf raffinierte Weise kombiniert.

Größe:
78 cm (eine kurze Seite) x 180 cm (lange Seite)

Material:
Locoporella Merino Singles (100 % Schurwolle, LL 365 m/100 g): je 200 g Petrol und Curry; Stricknadeln in 3,5 mm.

Muster:
Kraus rechts:
In Hin- und Rückreihen stets rechte M stricken.

Hebemaschenmuster A und B:
Nach Strickschrift A und B in der Streifenfolge arbeiten. Es sind alle Hin- und Rückreihen eines Höhenrapportes notiert. Die Maschen sind so bezeichnet, wie sie gestrickt werden. In Hin- und Rückreihen rechts notierte Maschen ergeben also ein kraus rechts gestricktes Maschenbild. Randmaschen sind nicht notiert, sie werden im Anleitungstext genau beschrieben.

Die Hebemaschenmuster wie in der Anleitung angegeben in die Reihe einfügen.
Den rot umrahmten Mustersatz von 6 Maschen zwischen den Pfeilen stets wiederholen. Einmal die 1. – 18. Reihe arbeiten, dann die 7. – 18. Reihe so oft wiederholen, wie in der Anleitung beschrieben.

Streifenfolge:
2 Reihen Curry, 2 Reihen Petrol im Wechsel.

Betonte Zunahmen in Hinreihen:
Am rechten Rand: RandM, 1 M rechts, 1 M aus dem Querfaden rechts verschränkt herausstricken und bis zu den letzten 2 M im Muster stricken.
Am linken Rand: 1 M aus dem Querfaden rechts verschränkt herausstricken, 1 M rechts, RandM.

Die zugenommenen M in den RückR rechts stricken. Diese gehören ab der folgenden HinR zu den Hebemaschenmustern.

Maschenprobe:
Kraus rechts im Hebemaschenmuster A und B: 25 Maschen und 46 Reihen = 10 cm x 10 cm.

So wird's gemacht:

In Petrol 3 M anschlagen und 1 RückR rechts stricken. Kraus rechts in der Streifenfolge weiterarbeiten, dabei in der 1. HinR beidseitig nach bzw. vor der Randmasche 1 Masche aus dem Querfaden rechts verschränkt herausstricken = 5 Maschen.

Ab der folgenden HinR die M wie folgt einteilen: RandM, 1 M kraus rechts, 1 betonte Zunahme, 1 M Hebemaschenmuster A, 1 betonte Zunahme, 1 M kraus rechts, RandM = 7 Maschen. Die betonten Zunahmen in jeder folgenden HinR auf die gleiche Weise arbeiten, dadurch erhöht sich nach und nach die MZahl des Hebemaschenmusters. In dieser Einteilung 52 R im Hebemaschenmuster A arbeiten = 57 Maschen.

Dann die M wie folgt einteilen: RandM, 1 M kraus rechts, 1 betonte Zunahme, 1 M Hebemaschenmuster B, 51 M kraus rechts, 1 M Hebemaschenmuster B, 1 betonte Zunahme, 1 M kraus rechts, RandM = 59 Maschen. Die betonten Zunahmen in jeder folgenden HinR auf die gleiche Weise arbeiten, dadurch erhöht sich nach und nach die MZahl des Hebemaschenmusters. Gleichzeitig in jeder HinR das erste Hebemaschenmuster B um 1 M nach links erweitern und das zweite Hebemaschenmuster B um 1 M nach rechts erweitern, dadurch verringert sich die kraus rechte MZahl. In dieser Einteilung 52 R im Hebemaschenmuster B arbeiten = 109 Maschen.

° Dann die M wie folgt einteilen: RandM, 1 M kraus rechts, 1 betonte Zunahme, * 1 M Hebemaschenmuster A, 51 M kraus rechts, ab * stets wiederholen, 1 M Hebemaschenmuster A, 1 betonte Zunahme, 1 M kraus rechts, RandM. Die betonten Zunahmen in jeder folgenden HinR auf die gleiche Weise arbeiten, dadurch erhöht sich nach und nach die MZahl des ersten und letzten Hebemaschenmusters. Gleichzeitig in jeder HinR das erste Hebemaschenmuster A um 1 M nach links erweitern, alle mittleren Hebemaschenmuster A beidseitig um 1 M erweitern und das letzte Hebemaschenmuster A um 1 M nach rechts erweitern, dadurch verringern sich jeweils die kraus rechten MZahlen. In dieser Einteilung 52 R im Hebemaschenmuster A arbeiten

Dann die M wie folgt einteilen: RandM, 1 M kraus rechts, 1 betonte Zunahme, * 1 M Hebemaschenmuster B, 51 M kraus rechts, ab * stets wiederholen, 1 M Hebemaschenmuster B, 1 betonte Zunahme, 1 M kraus rechts, RandM. Die betonten Zunahmen in jeder folgenden HinR ebenso arbeiten, dadurch erhöht sich nach und nach die MZahl des ersten und letzten Hebemaschenmusters B. Gleichzeitig in jeder HinR das erste Hebemaschenmuster B um 1 M nach links erweitern, die mittleren Hebemaschenmuster B beidseitig um 1 M erweitern und das letzte Hebemaschenmuster B um 1 M nach rechts erweitern, dadurch verringern sich jeweils die kraus rechten MZahlen.

Ab ° insgesamt 3x arbeiten.

HINWEIS:
Das Tuch kann durch Hinzufügen oder Weglassen weiterer Streifen ganz einfach vergrößert oder verkleinert werden!

Hebemaschenmuster A

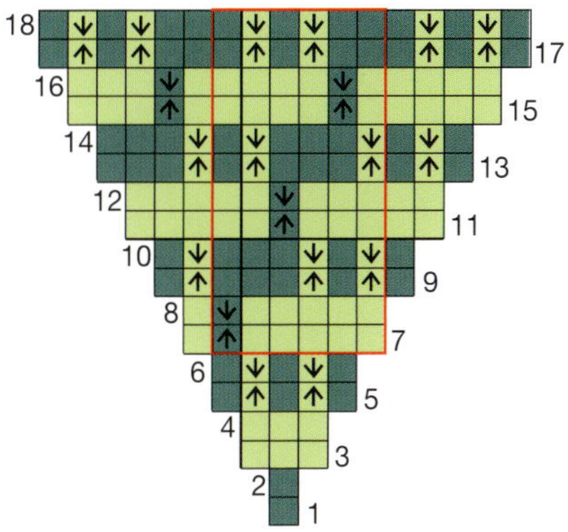

Hebemaschenmuster B

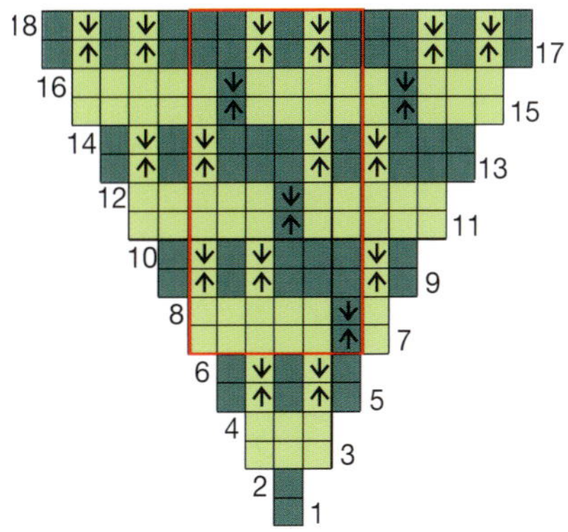

Zeichenerklärung:

☐ = 1 Masche rechts

↑ = 1 Masche abheben (Faden hinter der Arbeit)

↓ = 1 Masche abheben (Faden vor der Arbeit)

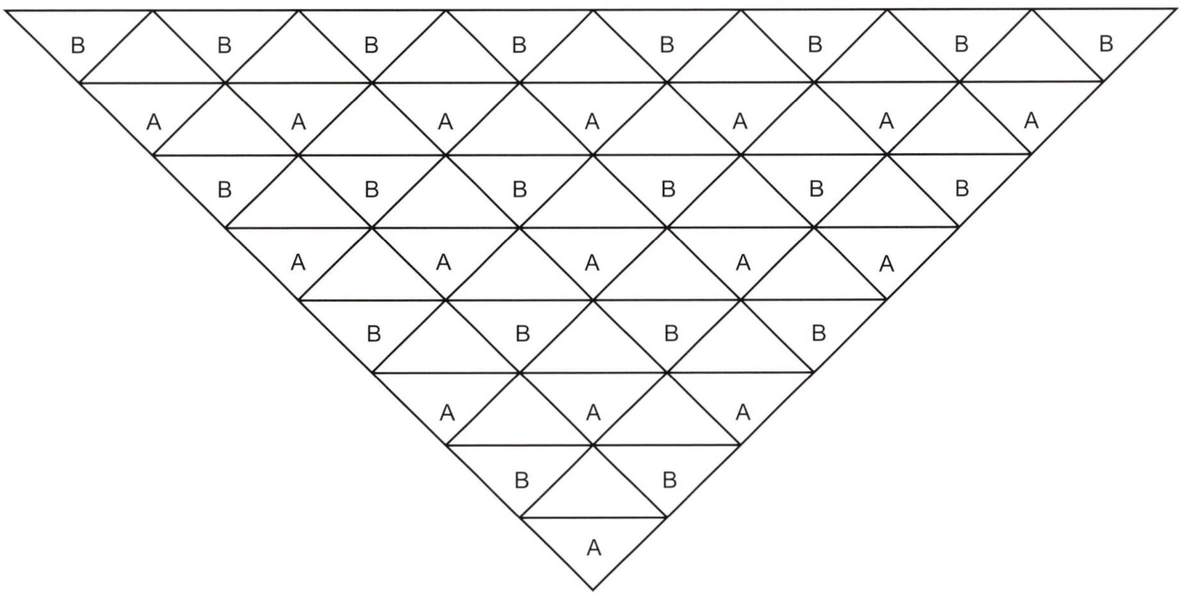

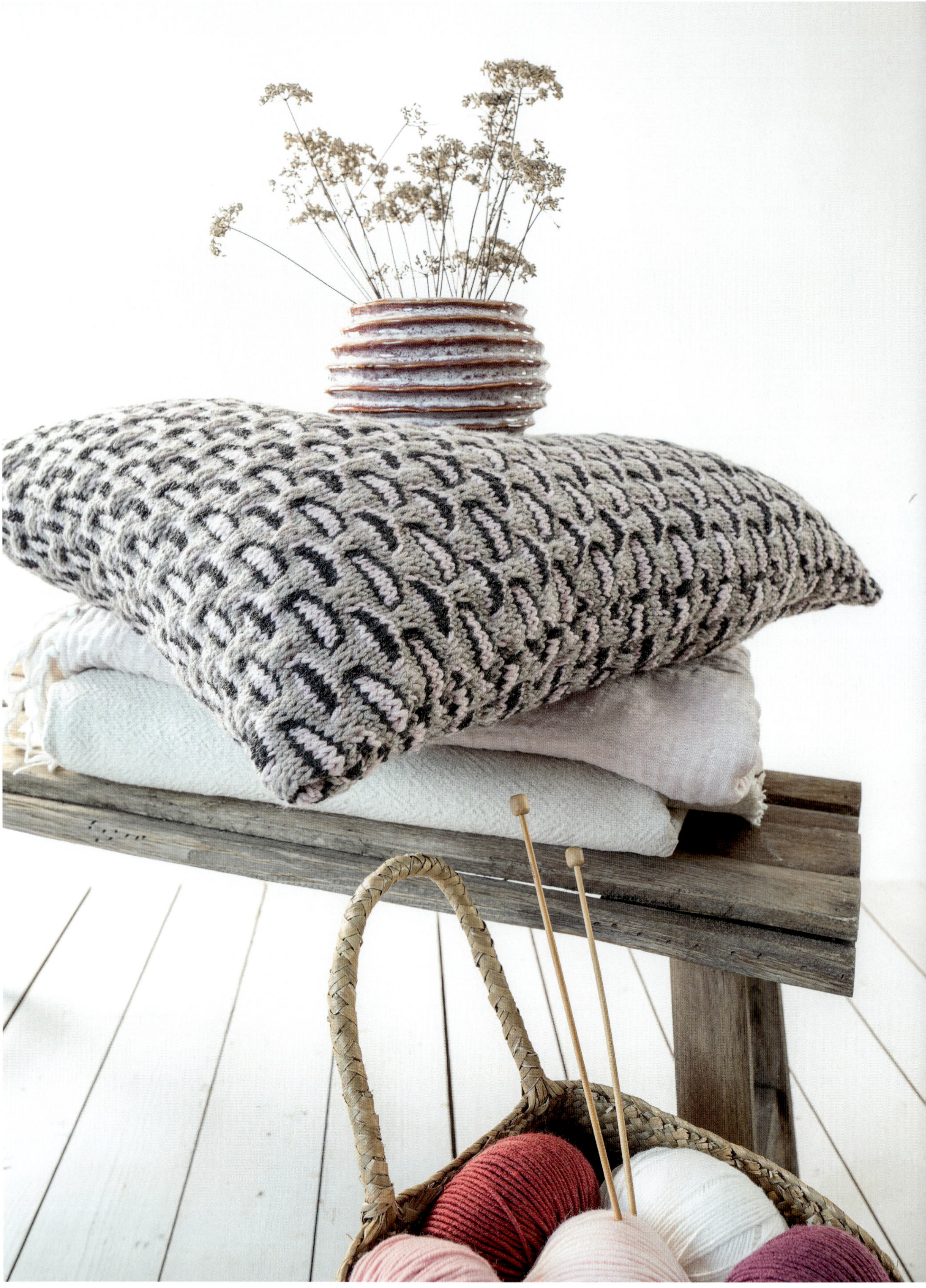

Kissen

Schwierigkeitsgrad: leicht

Weiche Kissen kann man gar nicht genug im Haus haben. Das Bubble Muster von Seite 42 macht aus dem simplen Kissenbezug einen ganz besonderen Eyecatcher.

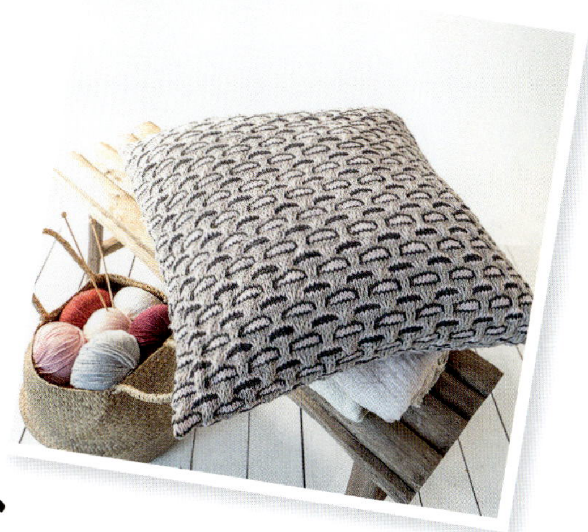

Größe:

50 cm x 50 cm

Material:

Lana Grossa Cool Wool Big Melange (100 % Schurwolle, LL = 120 m/50 g): je 150 g Beige meliert (Fb 223), Flieder meliert (Fb 217) und Anthrazit meliert (Fb 220); Rundstricknadel in 4 mm; ein Kisseninlett 50 cm x 50 cm.

Muster:

Hebemaschenmuster:

Maschenzahl teilbar durch 10 + 2 Randmaschen. Nach Strickschrift in der Streifenfolge arbeiten.

Es sind alle Hin- und Rückreihen eines Höhenrapports notiert. Die Maschen sind so bezeichnet, wie sie gestrickt werden. In Hinreihen rechts und in Rückreihen links notierte Maschen ergeben also ein glatt rechts gestricktes Maschenbild. Mit der Masche vor dem Mustersatz beginnen, den Mustersatz von 10 Maschen zwischen den Pfeilen stets wiederholen und mit der Masche nach dem Mustersatz enden. Einmal die 1. - 13. Reihe arbeiten, dann die 2. - 13. Reihe stets wiederholen.

Streifenfolge:

* 1 R Beige meliert, 1 R Anthrazit meliert, 2 R Flieder meliert, 1 R Anthrazit meliert, 2 R Beige meliert, 1 R Flieder meliert, 2 R Anthrazit meliert, 1 R Flieder meliert, 1 R Beige meliert, ab * stets wiederholen. Wenn sich das Fadenende der nächsten Farbe am anderen Reihenende befindet, die Maschen an das Ende der Rundstricknadel schieben und dem Muster entsprechend weiterarbeiten.

Maschenprobe:

21,5 Maschen und 36 Reihen = 10 cm x 10 cm.

So wird's gemacht:

In Beige meliert 110 Maschen anschlagen und 100,5 cm = 362 Reihen im Hebemaschenmuster in der Streifenfolge stricken. Dann alle Maschen locker abketten.

Fertigstellung: Die seitlichen Nähte schließen. Das Kisseninlett einlegen und die letzte Naht schließen oder alternativ einen Reißverschluss einnähen.

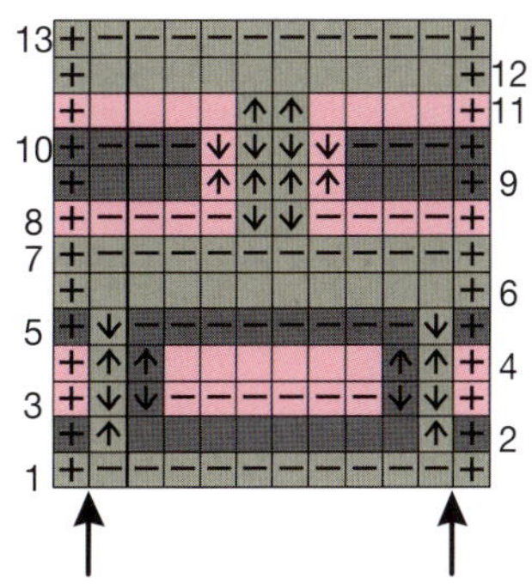

Zeichenerklärung:

- [+] = Randmasche
- [ ] = 1 Masche rechts
- [–] = 1 Masche links
- [↓] = 1 Masche abheben (Faden vor der Arbeit)
- [↑] = 1 Masche abheben (Faden hinter der Arbeit)

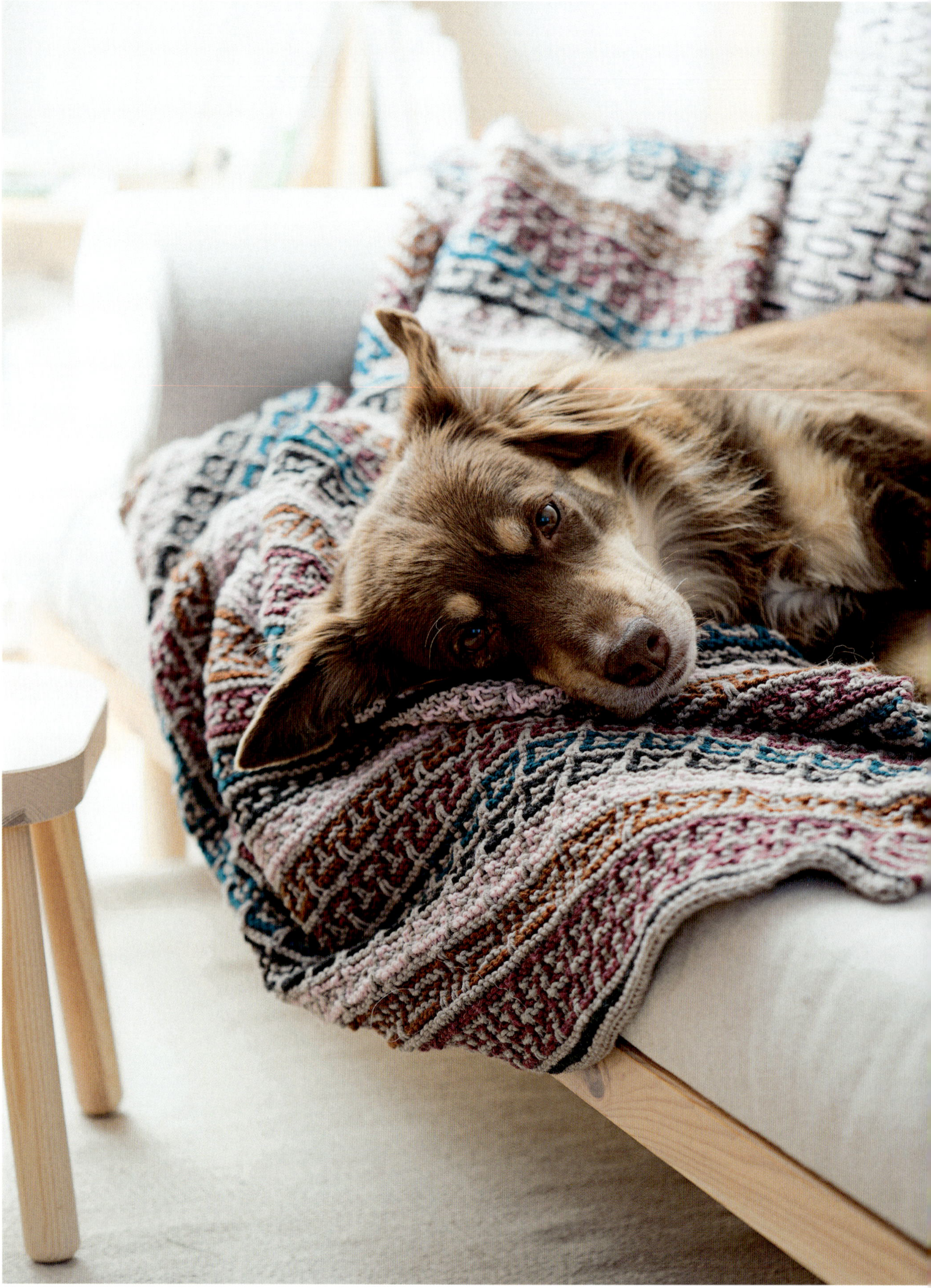

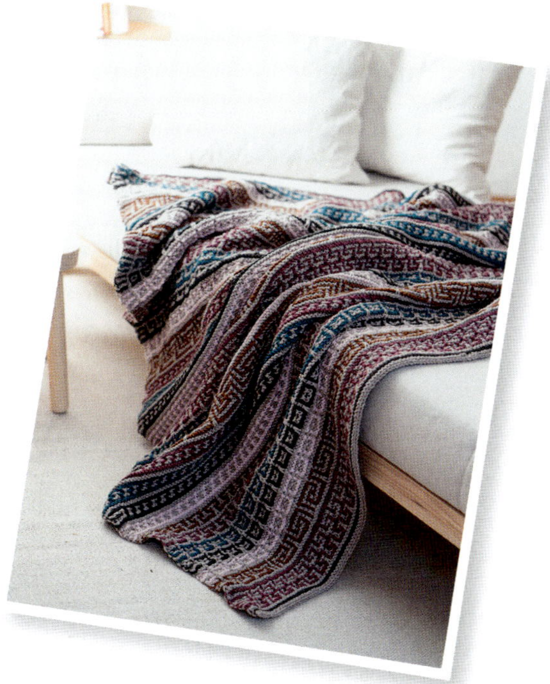

Decke

Schwierigkeitsgrad: einfach – mittel

Griechischer Flair mal ganz neu interpretiert: Beinahe eine eigene Mustersammlung für sich und ein wunderbares Wohnaccessoire für gemütliche Stunden ist diese herrliche Wohlfühldecke. Sie vereint das Mäandermuster von Seite 15, das Freskomuster von Seite 8, das Greccomuster von Seite 9, das Treppchenmuster von Seite 24 und Seite 25, das Ornamentmuster von Seite 14, das Kästchenmuster von Seite 10 und das Mykonosmuster von Seite 12.

Größe:
113 cm x 167 cm

Material:
Lana Grossa Bingo Melange (100 % Schurwolle, LL = 80 m/50 g): 900 g Beige meliert (Fb 323); je 200 g Anthrazit meliert (Fb 320), Beere meliert (Fb 318) und Braun meliert (Fb 316) g und je 150 g Fliederrosa meliert und Petrol meliert (Fb 305); Stricknadeln in 5,5 mm.

Muster:

Kraus rechts:
In Hin- und Rückreihen stets rechte M stricken.

Hebemaschenmuster A:
Maschenzahl teilbar durch 5. Nach Strickschrift A arbeiten. Es sind alle Hin- und Rückreihen eines Höhenrapports notiert. Die Maschen sind so bezeichnet, wie sie gestrickt werden. In Hin- und Rückreihen rechts notierte Maschen ergeben also ein kraus rechts gestricktes Maschenbild. Den Mustersatz von 5 Maschen zwischen den Pfeilen stets wiederholen. Randmaschen werden in der Anleitung beschrieben. Einmal die 1. - 24. Reihe arbeiten, dabei abwechselnd 2 Reihen in Beere meliert und 2 Reihen in Beige meliert arbeiten.

Hebemaschenmuster B:
Maschenzahl teilbar durch 5. Nach Strickschrift B arbeiten. Es sind alle Hin- und Rückreihen eines Höhenrapports notiert. Die Maschen sind so bezeichnet, wie sie gestrickt werden. In Hin- und Rückreihen rechts notierte Maschen ergeben also ein kraus rechts gestricktes Maschenbild. Den Mustersatz von 5 Maschen zwischen den Pfeilen stets wiederholen. Randmaschen werden in der Anleitung beschrieben. 3x die 1. - 12. Reihe arbeiten = 36 Reihen, dabei in folgender Streifenfolge arbeiten: 3x [abwechselnd je 2 R Petrol meliert und Beige meliert], dann 3x [abwechselnd je 2 R Anthrazit meliert und Beige meliert] und schließlich 3x [abwechselnd je 2 R Fliederrosa meliert und Beige meliert].

Hebemaschenmuster C:

Maschenzahl teilbar durch 10. Nach Strickschrift C arbeiten. Es sind alle Hin- und Rückreihen eines Höhenrapports notiert. Die Maschen sind so bezeichnet, wie sie gestrickt werden. In Hin- und Rückreihen rechts notierte Maschen ergeben also ein kraus rechts gestricktes Maschenbild. Den Mustersatz von 10 Maschen zwischen den Pfeilen stets wiederholen. Randmaschen werden in der Anleitung beschrieben. Einmal die 1. - 20. Reihe arbeiten, dabei abwechselnd 2 Reihen in Braun meliert und 2 Reihen in Beige meliert arbeiten.

Hebemaschenmuster D:

Maschenzahl teilbar durch 3 +1. Nach Strickschrift D arbeiten. Es sind alle Hin- und Rückreihen eines Höhenrapports notiert. Die Maschen sind so bezeichnet, wie sie gestrickt werden. In Hin- und Rückreihen rechts notierte Maschen ergeben also ein kraus rechts gestricktes Maschenbild.
Den Mustersatz von 3 Maschen zwischen den Pfeilen stets wiederholen und mit der Masche nach dem linken Pfeil enden. Randmaschen werden in der Anleitung beschrieben. 4x die 1. - 12. Reihe arbeiten = 48 Reihen, dabei in folgender Streifenfolge arbeiten: 3x [abwechselnd je 2 R Beere meliert und Beige meliert], dann 3x [abwechselnd je 2 R Petrol meliert und Beige meliert], dann 3x [je 2 R Anthrazit meliert und Beige meliert] und schließlich 3x [je 2 R Fliederrosa meliert und Beige meliert].

Hebemaschenmuster E:

Maschenzahl teilbar durch 6 + 4. Nach Strickschrift E arbeiten. Es sind alle Hin- und Rückreihen eines Höhenrapports notiert. Die Maschen sind so bezeichnet, wie sie gestrickt werden. In Hin- und Rückreihen rechts notierte Maschen ergeben also ein kraus rechts gestricktes Maschenbild.
Den Mustersatz von 6 Maschen zwischen den Pfeilen stets wiederholen und mit den 4 Maschen nach dem linken Pfeil enden. Randmaschen werden in der Anleitung beschrieben. 2x die 1. - 12. Reihe arbeiten = 24 Reihen, dabei in folgender Streifenfolge arbeiten: 3x [abwechselnd je 2 R Braun meliert und Beige meliert] und schließlich 3x [abwechselnd je 2 R Beere meliert und Beige meliert].

Hebemaschenmuster F:

Maschenzahl teilbar durch 6 + 4. Nach Strickschrift F arbeiten. Es sind alle Hin- und Rückreihen eines Höhenrapports notiert. Die Maschen sind so bezeichnet, wie sie gestrickt werden. In Hin- und Rückreihen rechts notierte Maschen ergeben also ein kraus rechts gestricktes Maschenbild.
Den Mustersatz von 6 Maschen zwischen den Pfeilen stets wiederholen und mit den 4 Maschen nach dem linken Pfeil enden. Randmaschen werden in der Anleitung beschrieben. 3x die 1. - 12. Reihe arbeiten = 36 Reihen, dabei in folgender Streifenfolge arbeiten: 3x [abwechselnd je 2 R Petrol meliert und Beige meliert], dann 3x [abwechselnd je 2 R Anthrazit meliert und Beige meliert] und schließlich 3x [abwechselnd je 2 R Fliederrosa meliert und Beige meliert].

Hebemaschenmuster G:

Maschenzahl teilbar durch 20. Nach Strickschrift G arbeiten. Es sind alle Hin- und Rückreihen eines Höhenrapports notiert. Die Maschen sind so bezeichnet, wie sie gestrickt werden. In Hin- und Rückreihen rechts notierte Maschen ergeben also ein kraus rechts gestricktes Maschenbild. Den Mustersatz von 20 Maschen zwischen den Pfeilen stets wiederholen. Randmaschen werden in der Anleitung beschrieben. Einmal die 1. - 16. Reihe arbeiten, dabei abwechselnd 2 Reihen in Braun meliert und 2 Reihen in Beige meliert arbeiten.

Maschenprobe:

20 Maschen und 38,5 Reihen = 10 cm x 10 cm.

Zeichenerklärung:

[+] = Randmasche
[ ] = 1 Masche rechts
[–] = 1 Masche links
[↓] = 1 Masche abheben (Faden vor der Arbeit)
[↑] = 1 Masche abheben (Faden hinter der Arbeit)

So wird's gemacht:

In Beige meliert 228 M anschlagen und 3 R kraus rechts stricken, dabei mit 1 RückR in Beige beginnen und die folgenden 2 R in Anthrazit meliert stricken.

Dann die M wie folgt einteilen: 4 M kraus rechts (inklusive RandM), 220 M im Hebemaschenmuster, 4 M kraus rechts (inklusive RandM). Über die kraus rechten M in der gleichen Farbfolge wie bei den Hebemaschenmustern angegeben stricken.

In dieser Einteilung * 24 R Muster A, 36 R Muster B, 20 R Muster C, 48 R Muster D, 24 R Muster E, 36 R Muster F, 16 R Muster G, ab * 3x arbeiten, dann 24 R Muster A arbeiten = 636 Reihen. Dann in Anthrazit meliert über alle M 2 R kraus rechts stricken, noch 1 R in Beige meliert kraus rechts stricken und anschließend alle Maschen rechts abketten.

Hebemaschenmuster A

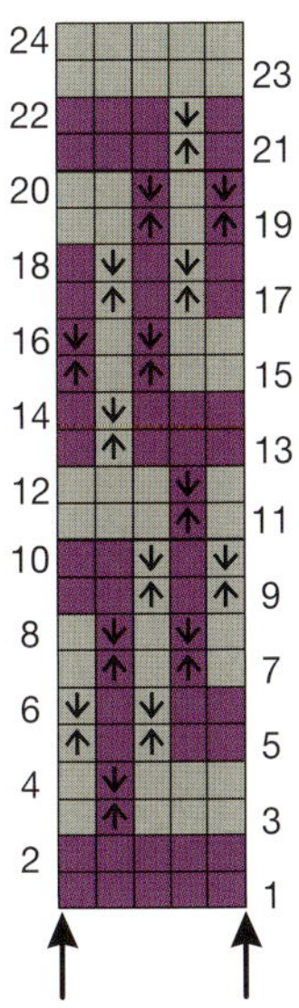

Hebemaschenmuster B

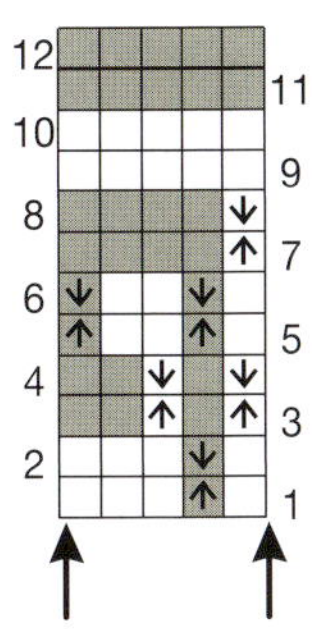

Hebemaschenmuster C

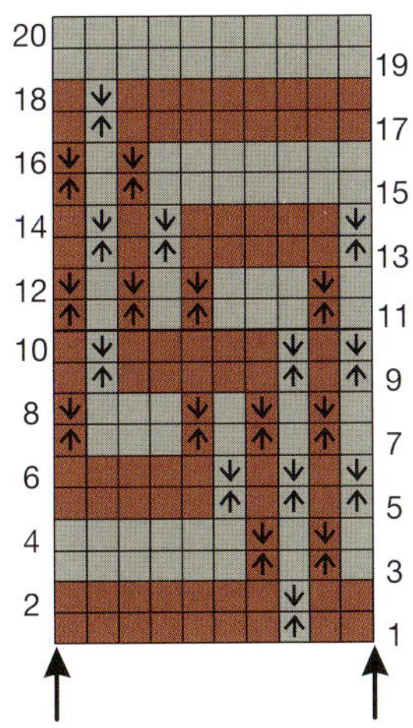

Hebemaschenmuster D

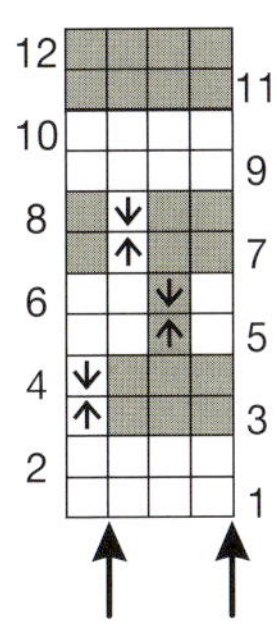

Hebemaschenmuster E

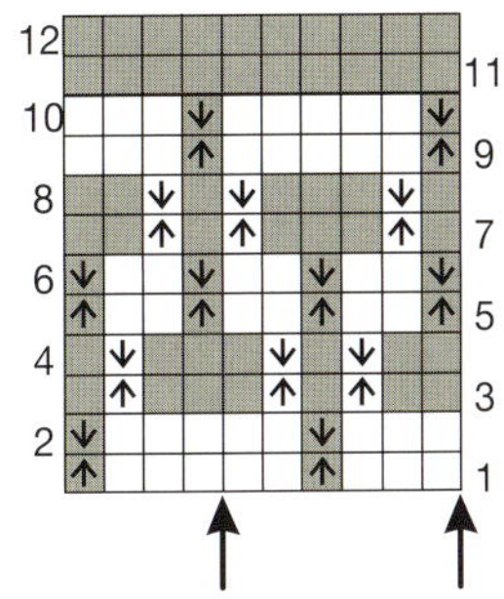

Hebemaschenmuster F

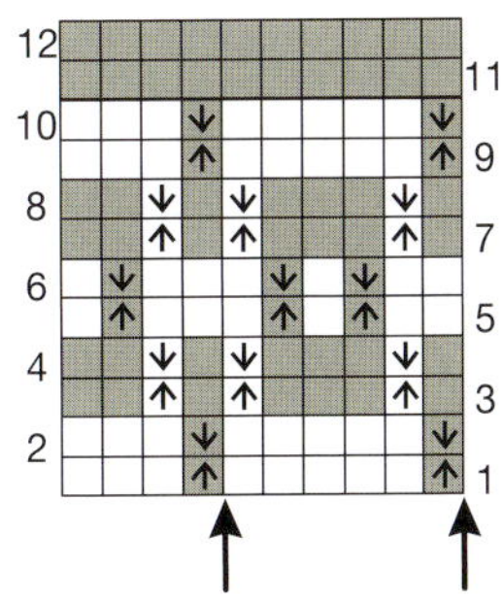

Hebemaschenmuster G

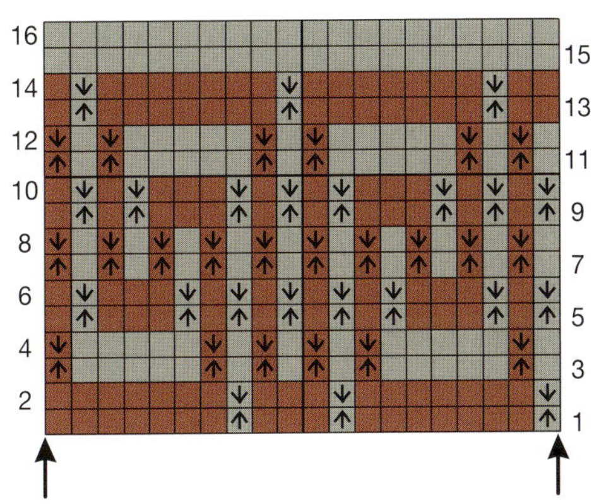

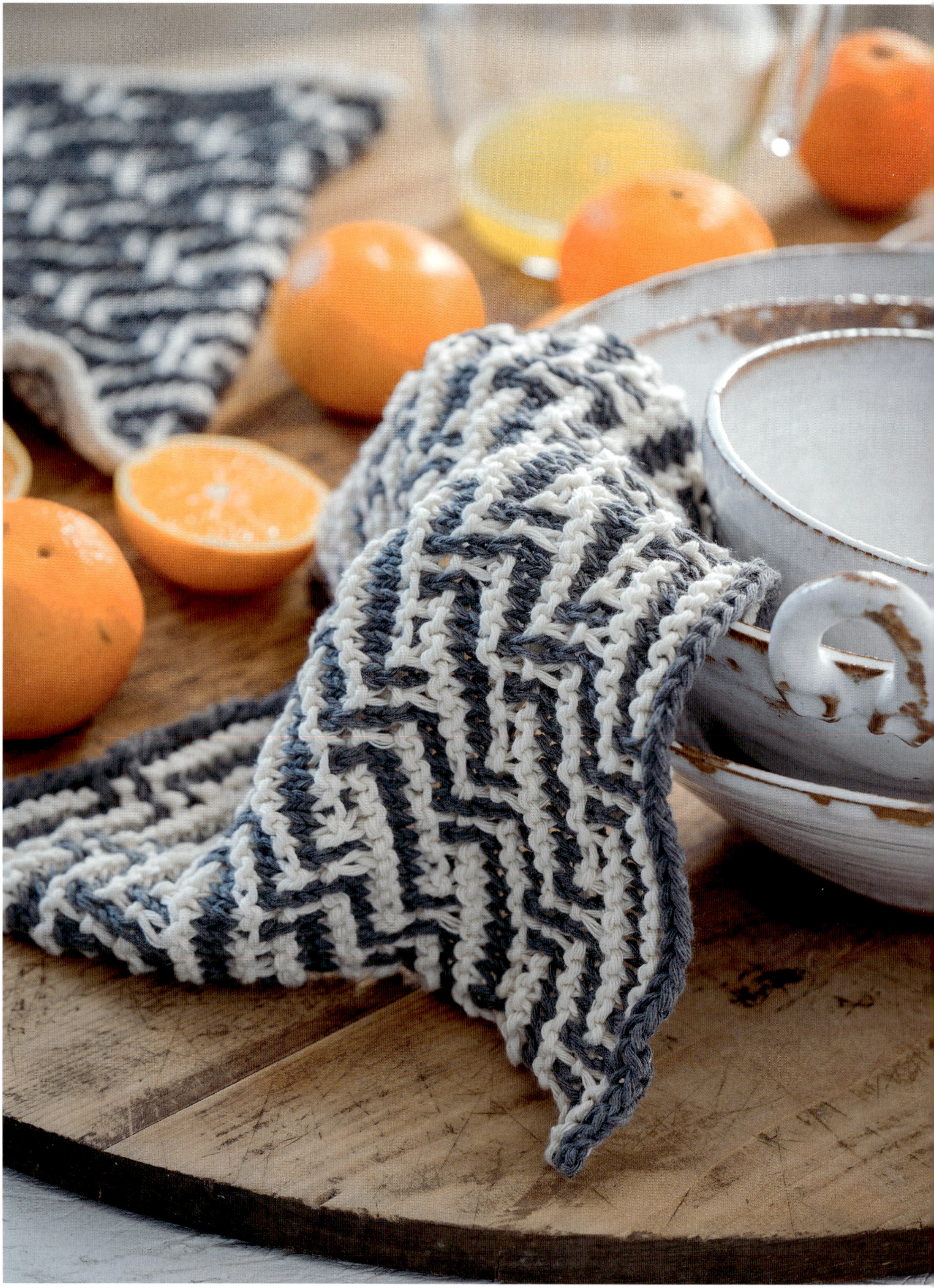

Spültuch

Schwierigkeitsgrad: einfach – mittel

Kraus rechts verstricktes, dickes Baumwollgarn nimmt viel Feuchtigkeit auf. Verstrickt man es dagegen glatt rechts, zeigt es eine besonders zarte Oberfläche. Kombiniert man beide Eigenschaften wie hier im Leitermuster von Seite 34, erhält man einen dichten Baumwollstrickstoff mit angenehmem Griff und gleichzeitig zarter Struktur, der sich prima eignet, um damit empfindliches Geschirr oder Gläser von Hand zu spülen.

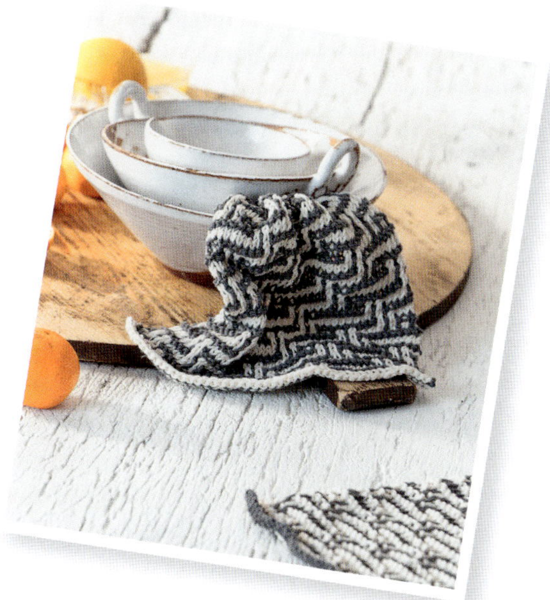

Größe:

22,5 cm x 23 cm

Material:

Schoeller + Stahl Record 210 (100 % Baumwolle, LL = 90 m/50 g) je 50 g Elefant (Fb 166) und Natur (Fb 80); Stricknadeln in 4,5 mm, Häkelnadel in 4 mm.

Muster:

Hebemaschenmuster:
Maschenzahl teilbar durch 12 + 9 + 2 Randmaschen. Nach Strickschrift in der Streifenfolge arbeiten.
Es sind alle Hin- und Rückreihen eines Höhenrapportes notiert. Die Maschen sind so bezeichnet, wie sie gestrickt werden.
In Hin- und Rückreihen rechts notierte Maschen ergeben also ein kraus rechts gestricktes Maschenbild, in Hinreihen rechts und Rückreihen links notierte Maschen ein glatt rechts gestricktes Maschenbild.

Mit der M vor dem Mustersatz beginnen, den Mustersatz von 12 Maschen zwischen den Pfeilen stets wiederholen und mit den M nach dem Mustersatz enden.
Einmal die 1. – 25. Reihe stricken, dann die 2. – 25. Reihe stets wiederholen.

Streifenfolge A

für das weiß-graue Spültuch:
1 R Natur, * 2 R Elefant, 2 R Natur, ab * stets wiederholen.

Streifenfolge B

für das grau-weiße Spültuch:
1 R Elefant, * 2 R Natur, 2 R Elefant, ab * stets wiederholen.

Maschenprobe:

20 Maschen und 30 Reihen = 10 cm x 10 cm.

So wird's gemacht:

Anleitung weiß-graues Spültuch:
In Natur 47 M anschlagen und 71 R im Hebemaschenmuster in der Streifenfolge A stricken (1x die 1. - 25. R, dann 1x die 2. - 25. R und noch 1x die 2. - 23. R).

Dann in Natur 1 HinR rechts stricken und in der folgenden RückR alle M rechts abketten.

Anleitung grau-weißes Spültuch:
In Grau 47 M anschlagen und 71 R im Hebemaschenmuster in der Streifenfolge B stricken (1x die 1. - 25. R, dann 1x die 2. - 25. R und noch 1x die 2. - 23. R).

Dann in Grau 1 HinR rechts stricken und in der folgenden RückR alle M rechts abketten.

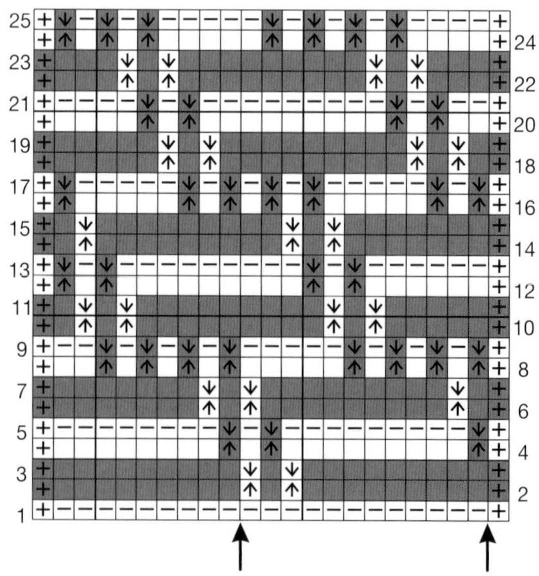

Zeichenerklärung:

- ⊞ = Randmasche
- ☐ = 1 Masche rechts
- ⊟ = 1 Masche links
- ↑ = 1 Masche abheben (Faden hinter der Arbeit)
- ↓ = 1 Masche abheben (Faden vor der Arbeit)

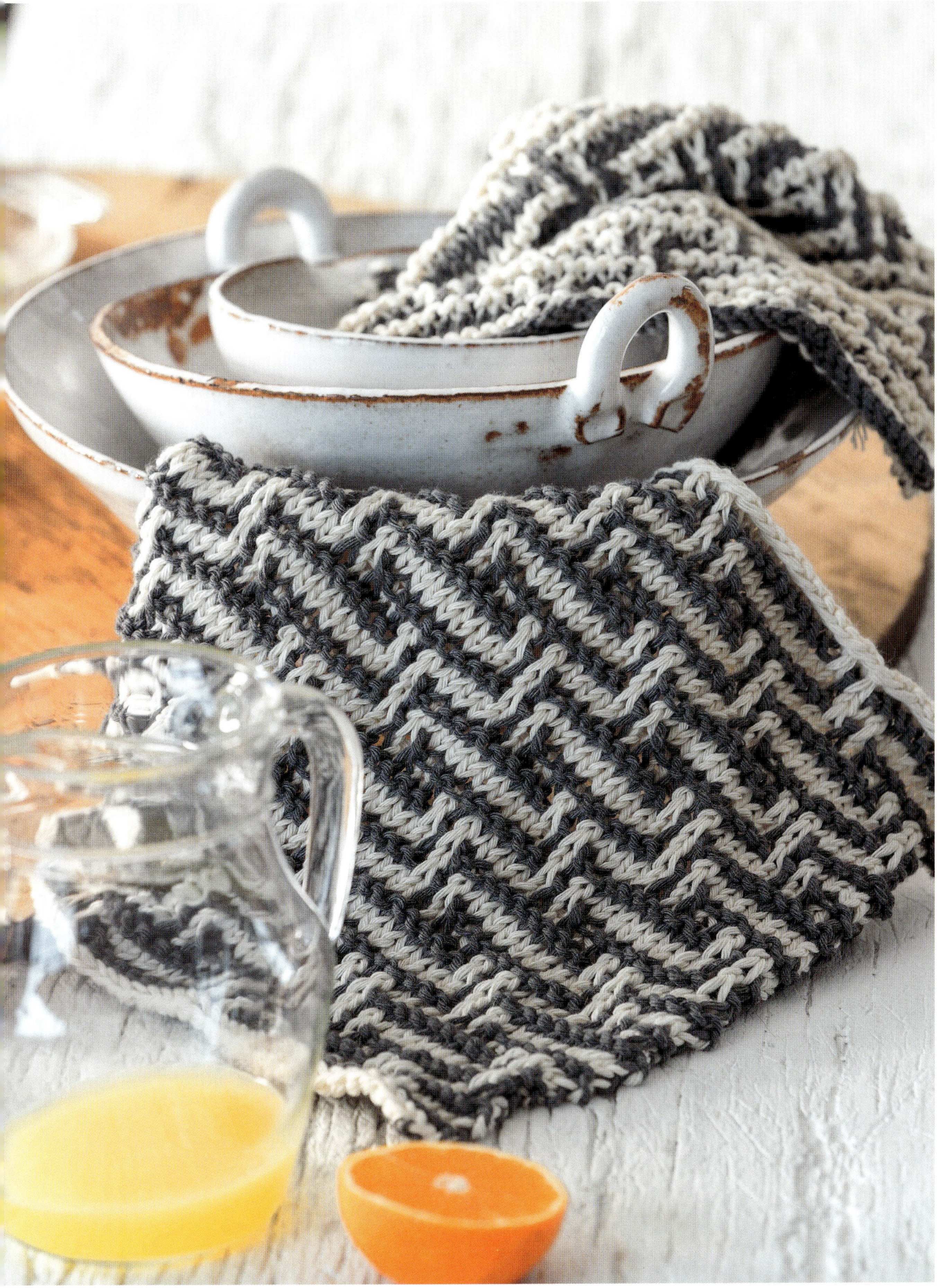

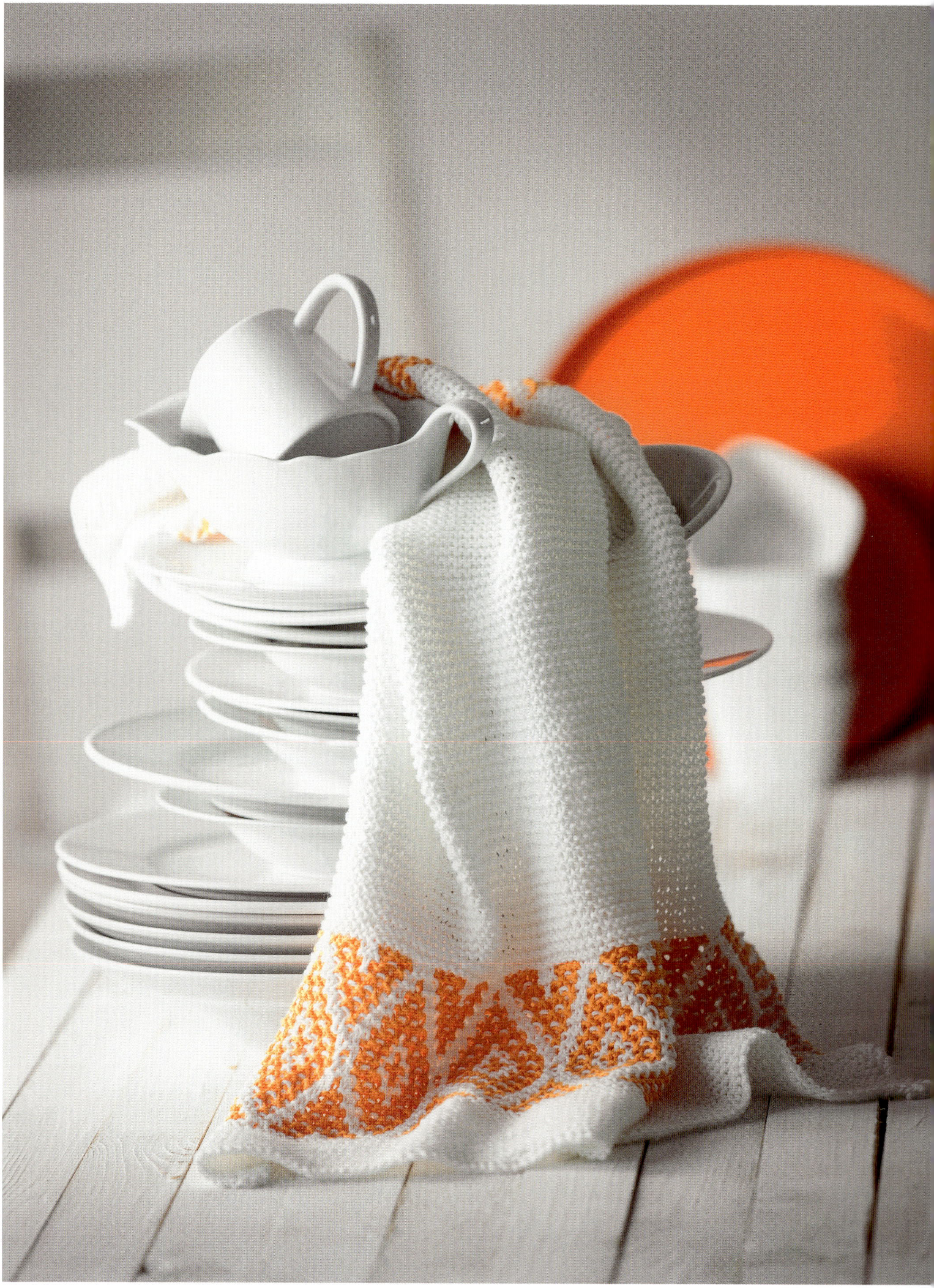

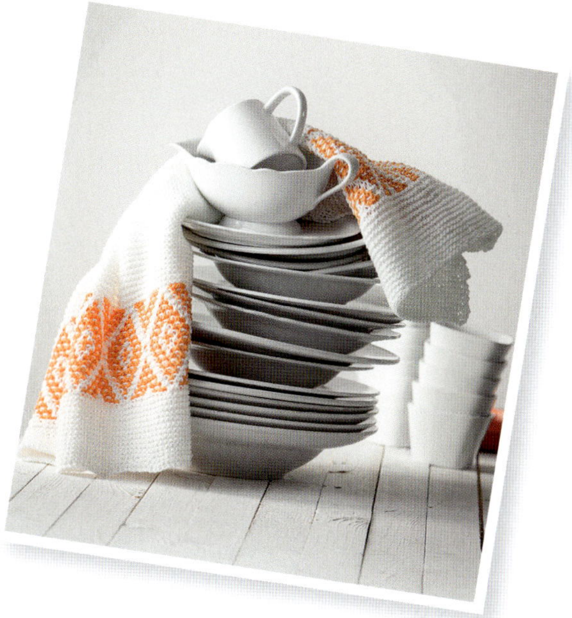

Küchentuch

Schwierigkeitsgrad: mittel

Ein Strickstoff aus dünnem Baumwollgarn, das ganz locker kraus rechts verstrickt wurde, eignet sich durch seinen leichten Fall und seine gute Feuchtigkeitsaufnahme hervorragend als universelles Küchentuch. Besonders hübsch macht sich das ebenfalls kraus rechte Mosaikmuster von Seite 17 als breite Borte auf dem großen Tuch.

Größe:

47 cm x 70 cm

Material:

Austermann Bio Cotton (100 % Baumwolle, LL = 180 m/50 g) 150 g Natur (Fb 10) und 50 g Orange (Fb 13); Stricknadeln in 3,5 mm.

Muster:

Kraus rechts:
Hin- und Rückreihen stets rechte M stricken.

Hebemaschenmuster:
Maschenzahl teilbar durch 14 + 1. Die Randmaschen werden in der Anleitung beschrieben. Das Muster nach Strickschrift in der angegebenen Streifenfolge arbeiten.
Es sind alle Hin- und Rückreihen eines Höhenrapportes notiert. Die Maschen sind so bezeichnet, wie sie gestrickt werden.
In Hin- und Rückreihen rechts notierte Maschen ergeben also ein kraus rechts gestricktes Maschenbild.
Den Mustersatz von 14 M zwischen den Pfeilen stets wiederholen und mit der M nach dem Mustersatz enden.
Einmal die 1. – 58. Reihe arbeiten.

Streifenfolge:

2 R Orange, 2 R Natur im Wechsel arbeiten.

Maschenprobe:

Kraus rechts: 23,5 Maschen und 33 Reihen = 10 cm x 10 cm.

Hebemaschenmuster: 25,5 Maschen und 58 Reihen = 10 cm x 9,5 cm.

So wird's gemacht:

In Natur 110 M anschlagen und kraus rechts stricken, dabei mit 1 RückR beginnen.
Nach 7,5 cm = 25 Reihen ab Anschlag in der Streifenfolge weiterarbeiten, dabei in der 1. R gleichmäßig verteilt 11 M zunehmen = 121 Maschen und die M wie folgt einteilen: RandM und noch 3 weitere M kraus rechts, 113 M Hebemaschenmuster, 3 M und die RandM kraus rechts.

In dieser Einteilung 58 R im Hebemaschenmuster stricken, dann wieder in Natur über alle M kraus rechts stricken, dabei in der 1. R gleichmäßig verteilt 11 M abnehmen = 110 Maschen.
Nach 34 cm = 112 Reihen in kraus rechts in der Streifenfolge weiterarbeiten, dabei in der 1. R gleichmäßig verteilt 11 M zunehmen = 121 Maschen und die M wie folgt einteilen: RandM und noch 3 weitere M kraus rechts, 113 M Hebemaschenmuster, 3 M und die RandM kraus rechts.

In dieser Einteilung 58 R im Hebemaschenmuster stricken, dann wieder in Natur über alle M kraus rechts stricken, dabei in der 1. R gleichmäßig verteilt 11 M abnehmen = 110 Maschen.
Nach 7,5 cm = 25 Reihen in kraus rechts alle M locker rechts abketten.

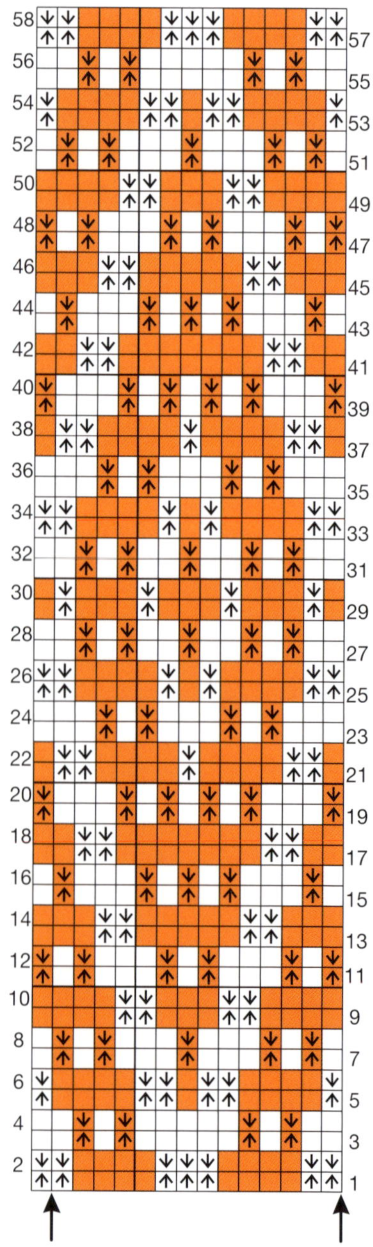

Zeichenerklärung:

☐ = 1 Masche rechts

↑ = 1 Masche abheben (Faden hinter der Arbeit)

↓ = 1 Masche abheben (Faden vor der Arbeit)

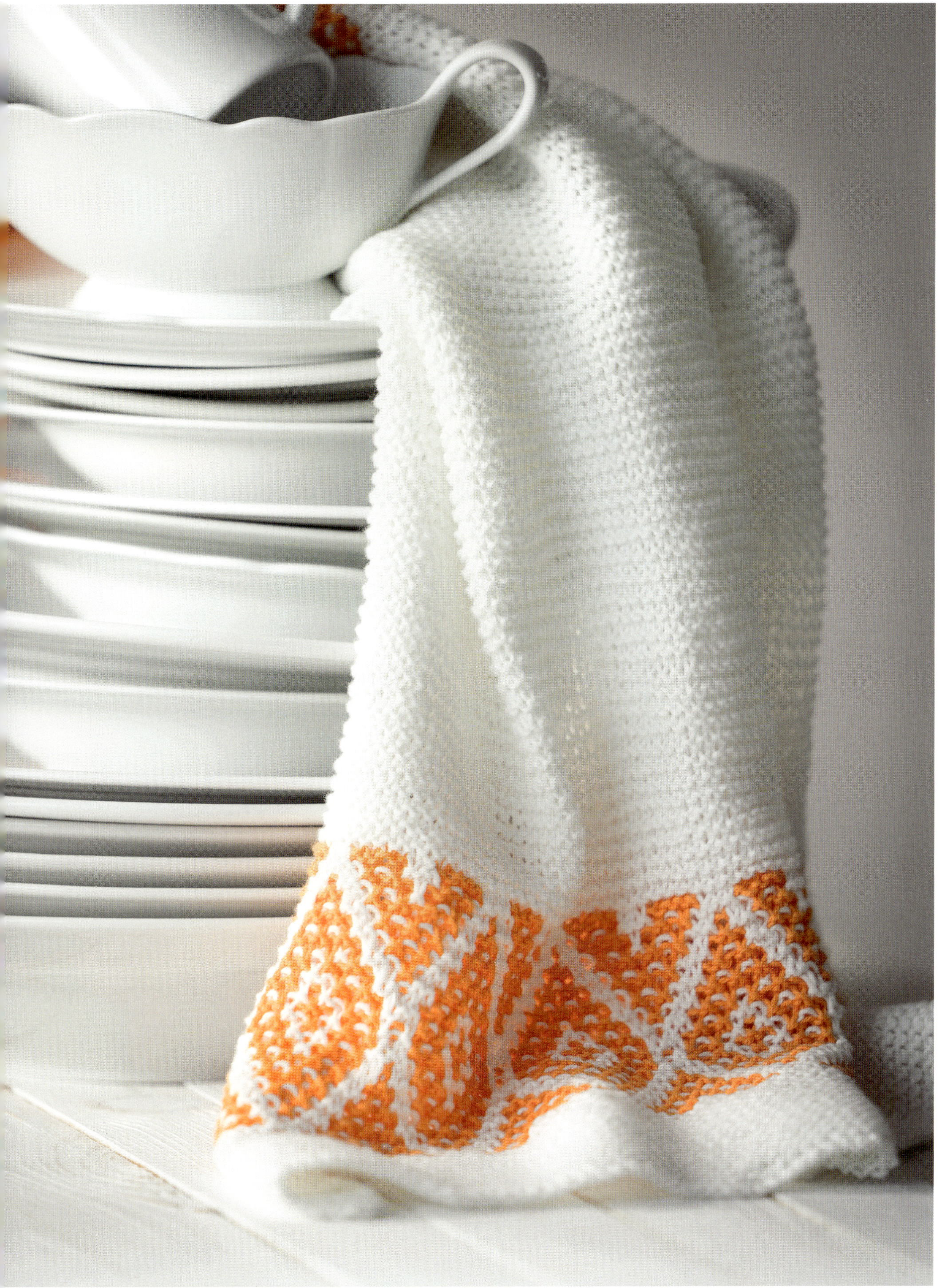

Impressum

Autorin: Babette Ulmer
Realisation: Helgrid van Impelen
Fotos & Styling: Anne Schulz
Produktmanagement extern:
Stephanie van der Linden
Lektorat: Stephanie van der Linden
Korrektorat: Anna Maier
Umschlaggestaltung: Leeloo Molnàr
Layout-Konzept und Satz: Ina Mielkau
Repro: LUDWIG:media
Herstellung: Stephanie Schlemmer
Printed in Slovakia by Neografia

★★★★★

Sind Sie mit diesem Titel zufrieden? Dann würden wir uns über Ihre Weiterempfehlung freuen. Erzählen Sie es im Freundeskreis, berichten Sie Ihrem Buchhändler oder bewerten Sie beim Onlinekauf.
Und wenn Sie Kritik, Korrekturen oder Aktualisierungen haben, freuen wir uns über Ihre Nachricht an Christophorus Verlag, Postfach 40 02 09, 80702 München oder per E-Mail an lektorat@verlagshaus.de.

Unser komplettes Programm finden Sie unter

www.christophorus-verlag.de

Die abgebildeten Modelle und Musterstücke wurden angefertigt von Sabine Damerau, Eva Huber, Sabine Langguth-Heinze, Babette Ulmer, Gaby Scharpf und Birgit Schwer.

Für die großzügige Bereitstellung der von uns verwendeten Garne bedanken wir uns herzlich bei Austermann Vertriebs GmbH (Süssen), Buttinette (Wertingen), Junghans-Wolle (Aachen), LANA GROSSA Mode mit Wolle Handels- und Vertriebs GmbH (Gaimersheim), Locoporella (Stuttgart), ONline Klaus Koch GmbH (Stadtallendorf), Schoeller + Stahl (Limburg), SCHULANA GmbH & Co. KG (München).

Die Deutsche Nationalbibliothek verzeichnet diese Publikation in der Deutschen Nationalbibliografie; detaillierte bibliografische Daten sind im Internet über http://dnb.d-nb.de abrufbar.

2. Auflage 2022

ISBN 978-3-8410-6640-4

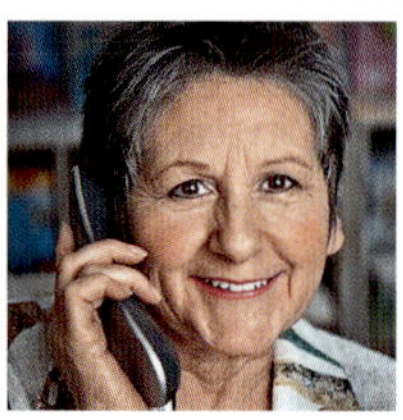

Kreativ-Service

Sie haben Fragen zu den Büchern und Materialien? Frau Erika Noll ist für Sie da und berät Sie rund um alle Kreativthemen. Rufen Sie an! Wir interessieren uns auch für Ihre eigenen Ideen und Anregungen. Sie erreichen Frau Noll per E-Mail: **mail@kreativ-service.info** oder Tel.: **+49 (0) 5052/91 18 58**

Besuchen Sie uns im Internet: www.christophorus-verlag.de